THE MECHANISM, MODE AND PATH OF INTERNATIONALIZATION DEVELOPMENT FOR MANUFACTURING INDUSTRIAL CLUSTERS
——CASE STUDIES BASED ON ZHEJIANG PROVINCE

制造业产业集群国际化发展的机制、模式和路径

——基于浙江案例的研究

◎傅昌銮 钱 晨 潘伟康 著

浙江工商大学出版社
ZHEJIANG GONGSHANG UNIVERSITY PRESS

图书在版编目(CIP)数据

制造业产业集群国际化发展的机制、模式和路径：基于浙江案例的研究 / 傅昌銮，钱晨，潘伟康著. —杭州：浙江工商大学出版社，2016.6

ISBN 978-7-5178-1625-6

Ⅰ. ①制… Ⅱ. ①傅… ②钱… ③潘… Ⅲ. ①制造工业—产业发展—研究—浙江省 Ⅳ. ①F426.4

中国版本图书馆 CIP 数据核字(2016)第 085930 号

制造业产业集群国际化发展的机制、模式和路径

——基于浙江案例的研究

傅昌銮　钱　晨　潘伟康　著

责任编辑　郑　建
责任校对　郑梅珍
封面设计　林朦朦
责任印制　包建辉
出版发行　浙江工商大学出版社
(杭州市教工路 198 号　邮政编码 310012)
(E-mail:zjgsupress@163.com)
(网址:http://www.zjgsupress.com)
电话:0571-88904980,88831806(传真)
排　　版　杭州朝曦图文设计有限公司
印　　刷　杭州恒力通印务有限公司
开　　本　710mm×1000mm　1/16
印　　张　11.25
字　　数　184 千
版 印 次　2016 年 6 月第 1 版　2016 年 6 月第 1 次印刷
书　　号　ISBN 978-7-5178-1625-6
定　　价　39.00 元

目　　录

图　　录

表 录

第1章　总　论

1.1　研究背景

经济全球化与产业国际化的发展使得各种资源与生产要素在全球范围内进行流动、配置以及重组，这同样也加速了生产、贸易、投资、金融等领域的全球化进程。改革开放以来，浙江作为出口大省，其制造业产业集群成为区域经济发展的引擎和亮点，也是推进浙江省对外贸易以及国民经济发展的重要力量。浙江省通过承接外商投资，发展“三来一补”的传统制造业产业集群，迈开了与世界经济接轨的步伐。经过多年的发展，浙江省传统制造业产业集群的国际化程度得到不断提升，取得了良好的进展。

但是近年来，尤其是2008年的国际金融危机以后，浙江省传统制造业产业集群的宏观环境发生了巨大变化。首先，外需下降以及国际原材料价格剧烈波动对经济发展形成了双重打击。其次，自身市场开拓能力不足以及外部保护主义抬头对经济发展形成了双重制约。还有，国际信用紧缩以及国际融资困难对经济发展形成了双重挤压。另外，劳动用工成本增加和原材料价格波动等因素也推高了企业的生产成本，这些都使得产品在国际市场上的价格竞争力明显削弱。再者，产品的设计、研发、品牌、营销等新的竞争优势尚未形成，导致外贸有效订单不足问题相对突出。这种长期以来引以为傲的成本价格优势、各种资源优势正在逐渐弱化，给浙江省制造业产业集群的国际化发展带来了新的挑战。在严峻的外贸形势下，稳定外贸增长、促进外贸转型升级成为当务之急。浙江省传统的制造业产业集群能否更好地适应国际化和全球化的浪潮，能否保持产业集群的国际竞争力，能否实现其产业集群的成功转型升级，这正是本书所要研究的目的与意义所在。

一方面，本书通过概括后金融危机时代浙江省制造业产业集群所面临的国内外困境，厘清制造业产业集群国际化发展的机制、模式与路径，分析以区域集聚为基础发展起来的制造业产业集群如何嵌入全球价值链，并进行产品与服务营销、生产要素配置以及与国际组织往来等各方面的国际化，在与国际经济发生联系中实现发展和升级，从而实现集群的国际化发展。通过国际经济学、管理学、社会学、经济地理学等视角的综合理论分析，在理论上深化产业集群发展理论以及国际化发展理论，扩展全球价值链和微笑曲线的理论范围与地方产业集群国际化发展的相互联系。

另一方面，在实践上，以浙江省典型制造业产业集群为研究案例，通过本研究的调查研究与案例比较研究，分析浙江省制造业产业集群在经济转型和开放的大背景下，并且在面临市场化和国际化双重压力下，如何充分利用和开发国际市场，开展国际研发合作，并逐渐形成国际化的机制与理念，以及制造业产业集群如何遵守国际惯例与规则，以更加积极的态度适应国际大环境。另外，研究如何优化浙江制造业产业集群支持体系，将产业集群作为整体渗入全球价值链，促进出口，发挥集群效应，推动产业集群内的核心企业寻求优势区位，进行跨国投资，提高集群国际竞争力，实现真正的国际化。

本研究从宏观、中观、微观等各方面为浙江省政府部门、行业组织、企业本身等出台相应的对策提供智力支持，从而有效实现制造业产业集群的国际化，促进浙江外贸制造业转型升级与浙江国民经济的长期发展。

1.2　国内外研究现状

1.2.1　产业集群国际化阶段论

有关产业集群国际化阶段论最主要的是渐进论与跳跃论。第一，渐进论。瑞典乌普萨拉大学的 Johanson，Vahlne（1977）是最早提出阶段式国际化模式的学者，他们认为国际化是一个渐进的过程，在不同的海外市场选择上，企业会优先选择心理距离比较近的市场；另外，企业会由资源投入较低的方式向资源投入高的方式转变。我国学者赵利（2011）将产业集群国际化分为四个阶段，即前期酝酿、国际化初期、内向国际化和外向国际化。第二，跳跃论。Cavusgil etal（1994）都指出某些企业通过蛙跳来越过传统国际化阶段理论中的某些阶段。我国学者尹华等(2006)指出现阶段网络技术快速发展,地理距离开始弱化,我国中小企业可采用跳跃式国际化进程而实现快速国际化。史晋川(2010)指出要通过跨越式进入新兴战略性产业以及跨越式切入全球价值链高端环节的"双重跨越"而不断提高国际竞争力。

1.2.2 产业集群国际化模式

有关产业集群国际化模式,国内外学者有着不同的划分与研究。Hennart etal(1997)学者根据可控强度,把国际化模式分成独资(兼并)、合资和授权3种。Brouthers(2002)从操作特点出发,又增加了出口模式等4种。我国学者邹刚(2007)、赵思语(2010)等则把其分成贸易式进入、契约式进入和投资式进入3大类国际化模式。李明朝(2007)认为企业国际化经营的主要方式为间接出口、直接出口和设立国外子公司。侯茂章(2010)指出商品与服务贸易方式、生产要素配置方式和中介组织国际往来等是地方产业集群国际化发展的主要模式。

1.2.3 企业国际化动力与全球价值链

在新经济面前,传统的国际贸易理论略显苍白,于是逐渐形成了全球价值链理论。此理论的核心命题是价值链驱动机制(Henderson,1998)和价值链治理(Gereffi,2003)。提升全球价值链治理能力以及掌握全球价值分配话语权成了企业国际化的驱动力与终极目标。Forsgren(2002)从组织学习的角度出发,认为跨国企业采取并购的方式进行对外直接投资的动机在于迅速提高其企业的学习能力并有效减少国际化风险。Foss(1996)认为产业组织资源是企业国际化的重要推动因素,产业集群资源对于集群组织来说是内部资源,而对于集群内企业来说则是外部环境资源。Niron, Tamar(2004)认为弥补资源和能力不足是企业选择国际化战略的首要目的。我国学者陈翊(2010)通过研究温州锁具产业集群的形成和发展,认为国际产业转移、企业家精神特质与社会网络关系组成的区域文化传统、集群内各成员的竞争与合作是推动集群企业国际化的主要动力。彭迪云等(2013)认为集群企业应当加强外部网络联结关系的构建、管理与维护,动态调整不同维度知识租金获取的培养力度,以此来加快其国际化成长进程,提高国际竞争力。许晖等(2014) 研究发现,通过价值链上下游嵌入、原价值链环节深度嵌入和新价值链嵌入3种方式实现全球价值链嵌入环节的改变与升级，进而影响企业嵌入全球价值链的治理模式和角色演变，从而实现国际化转型。

1.2.4 文献述评

综上所述，目前国内外学术界的学者从研究层面来看，主要集中在微观企业层面的国际化研究，对于制造业产业集群的国际化研究相对较少。产业集群的国际化发展理论是一个近年来发展的新兴应用理论，目前国内学者对产业集群国际化发展的机制路径选择的研究还鲜有涉足，同时结合案例进行实证分析的研究更少。在后金融危机时代和地区优势逐渐减少的大环境下，有关制造业产业集群的国际化发展现状如何？集群国际化发展的机制如何？未来要保持产业集群的国际竞争力要采取什么样的发展模式与路径？这正是本研究试图研究和解决的学术命题。

1.3 研究内容

本书的第1章为总论，主要包括研究背景、国内外研究现状、研究内容、研究框架和思路。第2章至第7章为研究的主体部分，具体如下：

(1)浙江制造业产业集群发展现状及国际化研究

首先，通过调研资料概括了浙江省制造业产业集群的特点，从地理空间布局、区域发展基础、内部组织形态、企业网络关系、地方根植性等方面来详细分析制造业产业集群的发展现状。其次，从市场国际化、分工国际化、要素国际化等方式来对浙江制造业产业集群的国际化发展阶段进行总体论证分析。然后总结分析在经济全球化与区域经济转型升级背景下加快浙江制造业产业集群国际化发展的必要性和必然性。

(2)浙江制造业产业集群所处国内外环境分析

浙江产业集群的比较优势动态变化主要包括劳动力成本、技术要素、企业家精神3个方面，出口动因的变迁主要体现在早期扩大市场规模增加利润到“出口中学”提升技术水平，再到战略资源获取倒逼产业升级3个阶段。其次，从宏观、中观、微观方面分析集群国际化的影响因素。宏观方面主要从经济全球化、全球价值链配置、宏观政策环境等方面分析。中观方面主要从集群区位条件、要素禀赋条件、产业政策环境进行分析。微观方面主要是从自身组织结构、集群拥有的资源因素等方面进行分析。最后总结梳理浙江制造业产业集群存在的问题和面临的挑战。

(3)浙江制造业产业集群进行集群国际化的机制与动力研究

首先,用统计数据论证了浙江省工业化发展阶段,浙江省总体上处于工业化发展后期,要素结构和产业结构继续调整,从而判定了产业集群的经济基础条件。其次,通过模式创新机制、全球价值链治理机制、内部合作竞争机制、外部战略资源获取机制、政策激励机制等来分析其实现机制。最后,揭示了产业集群国际化的动力系统和演化系统,在此基础上分别从政策环境因素、区位资源因素、经济产业因素和集群组织因素等相互作用形成的动力来分析其如何影响集群国际化。

(4)浙江制造业产业集群进行集群国际化的模式与路径研究

浙江制造业产业集群进行集群国际化的模式与路径与集群本身发展的阶段有一定相关性,但具体要根据产业集群嵌入全球价值链而实现国际化发展的具体方式而定,即取决于市场国际化、生产要素配置国际化与中介组织国际化等方式。本部分主要探讨了产业集群嵌入全球价值链的理论、过程和模式,进而从生产环节国际化、销售环节国际化、品牌建设国际化、中介服务国际化、资本运作国际化对集群国际化进程进行环节解构,开展内向国际化与外向国际化、新型跨境电子商务国际化模式的路径分析。

(5)浙江制造业产业集群国际化发展典型案例比较研究

首先,本研究选取部分入选《国家外贸转型升级专业型示范基地》的浙江制造业产业集群作为典型案例,从产业链的纵向控制情况、龙头企业实力、集群创新能力、生产性服务业发展情况、产业地区分割等来分析其产业集群的特点、现状与国际化程度,判断其发展阶段。其次,从影响集群国际化的动力因素方面,对典型案例集群在集群国际品牌与龙头企业品牌、电子商务平台与贸易融资平台、国际营销网络、国际化人才、资本国际化发展等各方面的建设情况进行分析与问卷调查,并进行案例比较研究,提出浙江产业集群国际化的几种典型模式和成长路径。

(6)浙江制造业产业集群国际化发展的对策研究

在前面所进行的浙江制造业产业集群国际化发展的机制、动力、模式与典型案例比较分析基础上,从完善产业链支持体系,完善企业家队伍支持体系,搭建产业技术创新平台,积极培育区域品牌与实施集群化品牌战略,强化营销支持体系,发展先进生产服务业等国际化方面,分别从政府、行业组织、企业本身等各方面提出相应对策。

1.4 研究框架和思路

本研究框架和思路如图 1-1 所示。

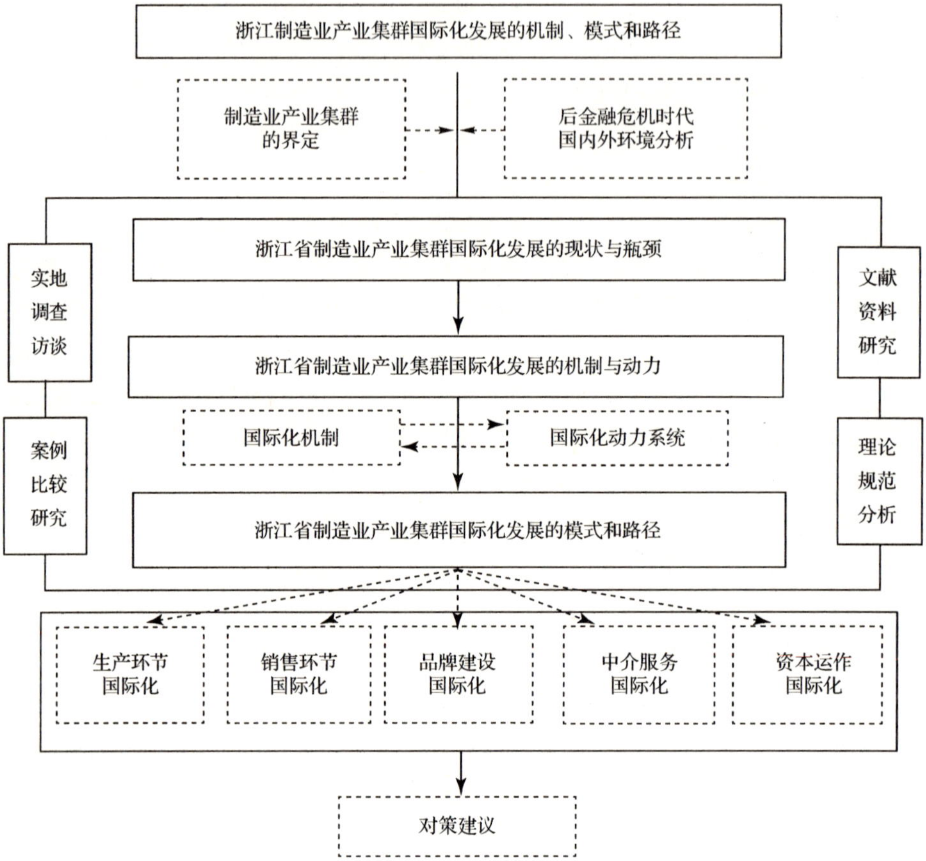

图 1-1　研究框架和思路

第2章　浙江制造业产业集群发展现状及国际化研究

2.1　浙江制造业产业集群总体特征

产业集群作为一个古老而普遍的现象，历来吸引着众多学者的视线，对其进行研究的文献举不胜举，国内外众多学者对“产业集群”现象的研究主要涉及经济学（包括古典经济学、新古典经济学、新兴古典经济学、区域经济学、发展经济学和创新经济学等）、地理学（主要是经济地理学）、管理学（包括区域网络理论、竞争优势理论、战略理论和创新理论）和社会学（主要是对社会资本、信任等的研究）。全球主要经济体和各级地方政府，积极探索和实施产业集群政策，并积极引导产业集群转型升级，但迄今为止，政府部门、学术界和产业界尚未形成“现代产业集群”内涵的一致认识。

2.1.1　地理空间布局

改革开放以来，产业集群发展已经成为带动我国区域经济发展的一个新的重要力量，且呈方兴未艾之势。浙江创造了上百个具有专业化分工协作特点、年产值几十亿元乃至上百亿元的产业集群，经济实力全国排名前列的“浙江经济奇迹”。这个奇迹的产生不仅依靠微观层面的企业产权制度改革与创新，更依靠以中小企业为主体、特色产业为支柱的产业集群这种有效率的产业空间组织在浙江的兴起与快速发展。

产业集群化发展是当今世界产业发展的总体趋势，是产业发展的内在要求，也是区域产业发展的重要政策导向。加快块状经济向现代产业集群转型升级，有利于培育区域和产业国际竞争力，对于转变经济发展方式，提高中小企业创新发展水平，走新型工业化的道路，推进经济转型升级都具有十分重要的现实意义。

现今，浙江省的产业集群正经历由之前的块状经济向现代产业集群转型升级。之前的块状经济在规模上占据全省工业半壁江山。块状经济在全省经济发展、参与国际竞争、扩大就业等方面发挥了十分重要的作用，如表2-1所示。

表2-1　2008年浙江省销售收入规模超200亿元的块状经济

块状经济	生产单位（个）	全部从业人员（万人）	销售收入（亿元）	出口交货值（亿元）
1.萧山纺织	4500	22.8	1396.30	235.41
2.绍兴纺织	2666	19.5	1066.50	280.35
3.镇海石化和新材料	84	1.8	1058.85	143.08
4.永康五金	10492	31.8	835.00	196.00
5.义乌小商品	20884	40.8	822.22	133.87
6.慈溪家电制造	9400	28.4	570.00	180.00
7.萧山汽配	547	4.0	564.37	122.65
8.乐清工业电器	1300	16.0	489.00	55.00
9.鹿城服装	3000	2.7	445.12	80.36
10.诸暨五金加工	3597	6.9	432.42	53.95
11.北仑装备制造业	2460	11.8	427.49	24.00
12.北仑石化	127	1.7	412.48	7.20
13.宁波保税液晶光电	21	2.5	412.44	196.24
14.余姚家电	2300	9.2	400.00	93.00
15.诸暨袜业	11080	7.8	373.60	291.41
16.余姚机械加工	2500	7.8	369.16	22.99
17.鄞州纺织服装	725	14.8	324.73	158.81
18.绍兴化纤	35	1.3	310.60	12.19
19.温岭汽摩配	3000	5.5	305.00	30.00
20.玉环汽摩配	1900	8.2	260.00	30.00
21.长兴纺织业	15616	1.6	248.00	23.30

续　表

块状经济	生产单位（个）	全部从业人员（万人）	销售收入（亿元）	出口交货值（亿元）
22.瑞安汽摩配	1500	20.0	230.00	33.34
23.秀洲纺织业	660	6.3	225.70	36.30
24.富阳造纸业	362	3.3	216.00	1.70
25.温岭鞋业	4312	9.1	201.85	42.35
26.温岭泵与电机	5600	3.0	200.00	13.20

数据来源：《2009 年浙江省块状经济向现代产业集群提升发展报告》。

就浙江全省来说，产业集群的空间分布可以分为 3 大区块：环杭州湾地区、温台沿海地区和金衢丽地区。

环杭州湾地区包括杭州、宁波、绍兴、嘉兴、湖州、舟山 6 市，靠近上海，毗邻江苏，地理位置优越。在产业集群发展之初，受上海的辐射，集体经济发展较好，具有一定的工业基础，利用该基础优势开启了“苏南模式”的农村工业化道路。产业集群内不乏有规模相当大的龙头企业。温台沿海地区包括温州和台州两市。产业集群发展之初，工业基础、国有经济、集体经济薄弱。但该地区具有悠久的商业传统，再加上远离全国和全省的政治中心，当地民众的创新意识很强，开启的是“专业市场＋家庭工场”的温州模式的农村工业化道路，产业集群内主要以中小企业为主。金衢丽地区包括金华、衢州和丽水 3 个市。该区经济基础较差，发展水平相对落后，产业集群的发展历史也较短。到 20 世纪 90 年代末期，该地区发展速度才开始加快，形成了一些颇具规模的特色产业群。

3 大区块的产业集群几乎都是劳动密集型产业。但随着产业集群和城市化的互动演进，不同的城市化水平和城市规模对产业集群的类别、层次的影响力逐渐显现。如表 2-2 所示，在城市规模较大的环杭州湾地区，电子信息产业集群、生物医药产业集群等高新技术产业集群开始成为主要的产业集群。该区块电子信息产业已在国内形成了较强的竞争优势，其中软件、通信产品、集成电路、计算机及网络产品、电子专业材料及电子元器件等产品特色明显，特别是与 TFT-LCD 显示产业发展相关的集成电路、电子专用材料和电子元器件配套能力在全国名列前茅。而温台沿海地区更多的是资本密集型产业集群。

表 2-2 浙江省三大区块的主要产业集群和主导产业

	环杭州湾地区	温台沿海地区	金衢丽地区
主要集群	电子信息产业集群 生物医药产业集群 纺织产业集群 石化产业集群	轻工业产业集群 汽摩配及机械设备产业集群	轻工、纺织和生活杂品的产业集群 交通运输设备制造产业集群
主导产业	通信电子设备制造业 生物医药产业 纺织及其关联产业 石化产业	电工电器产业 纺织服装及皮革产业 印刷塑料制品产业 机械产业	日用小商品产业 五金机电产业 食品加工产业 建材产业 日用化工产业 现代物流业

如今，在新的宏观背景和发展形势下，如何站在全球化的战略高度，重新审视块状经济的发展模式，积极探索向现代产业集群转型升级的路径，切实增强产业集群国际竞争能力，不仅有着极其深远的历史意义，同时也是一项十分紧迫的现实任务。

2.1.2 区域发展基础

近年来，在浙江省政府的统一部署下，在省级各部门的合力支持下，在各示范区所在地政府的高度重视下，全省 42 个产业集群示范区建设稳步推进，全省块状经济向现代产业集群转型升级取得了初步成效。

规模和效益稳步提升

从规模总量看，2010 年 42 个产业集群示范区实现销售收入 18489.7 亿元，出口交货值 3828.5 亿元，利润 1045.4 亿元，分别占全省工业总量的 36.3%、35.8%、34.8%。从个体规模看，年销售收入超千亿元的示范区数量从 2008 年的 3 个增至 2010 年的 5 个，分别为杭州装备制造、绍兴纺织、萧山纺织、永康（含武义缙云）五金及宁波服装产业集群，另有 4 个示范区介于 500 亿—1000 亿元之间。从利润水平看，共实现利润 1045.4 亿元，比 2008 年增长 30.6%，平均销售利润率则从 5.5%上升到 5.75%。从集聚程度看，销售收入占当地工业销售收入的平均比重为 31.8%，比 2008 年提高了 1.2 个百分点。

创新能力日益提高

创新能力主要体现在创新投入、创新产出和创新载体建设上。在创新投入方面，2010 年 42 个产业集群示范区实施 R&D 投入 280.4 亿元，比 2008 年增长 23%，占总销售收入的 1.5%；实施技术改造投入 832.6 亿元，比 2008 年增长 28.6%，占工业固定资产投入的 64.8%，高于全省工业技改投资比重 4.8 个百分点。在创新产出方面，实现新产品产值 3131 亿元，比 2008 年增长 32.9%，较销售收入增速高出 8.6 个百分点；提交专利申请数 21629 件，获得专利授予数 18152 件。在创新载体建设方面，共拥有高新技术企业 393 家，国家级企业技术中心（重点实验室、工程技术研究中心）10 个，省级 204 个。

品牌影响力进一步显现

以培育产品品牌、企业品牌和集群品牌为重点，大力发展品牌经济，初步形成较为完整的品牌梯队。2010 年 42 个产业集群示范区共拥有中国名牌产品 96 个，浙江省著名商标 395 个，浙江省名牌产品 415 个，出口名牌 89 个，分别占全省总量的 33.2%、15.4%、25.8%和 22.3%；拥有中国驰名商标 206 个。同时，推动生产要素向品牌企业和优势企业流动，形成集聚效应，一批区域品牌的知名度和美誉度不断提升。共拥有各类全国性集群名片 100 多个，如宁波服装、绍兴纺织、永康五金、瑞安汽摩配、乐清工业电气、温岭泵业、黄岩模具等产业集群均获得了全国性产业基地荣誉称号。

龙头企业引领作用不断增强

示范区建设推进中，培育发展了一批规模较大、技术水平较高、竞争力较强的重点优势企业，渐而又促进了产业集群整体水平的提升，两者相互促进、共生共荣。从产业组织形态看，42 个示范区中共有 15 个属于龙头带动型块状经济，依托龙头企业技术、营销和配套协作等优势带动了一大批中小企业提升发展。从企业规模看，全省 146 家工业行业龙头骨干企业中有 71 家"落户"42 个示范区内，占全省总量近一半，凸显两者关系。

公共服务支撑体系逐步完善

以研发检测平台、行业协会、中介机构、专业市场等为主要支撑，多形式、多层次公共服务支撑体系逐步完善。2010 年 42 个产业集群示范区共拥有各类公共服务平台 108 个，服务领域涵盖了技术创新、产品检测、信息服务、管理咨询、人才培训、市场调研等；特别是杭州装备制造、绍兴纺织、宁波服装和东阳磁性电子等示范区拥有的公共服务平台都在 8 个以上。拥有各级行业协会 75 个，重点在行业标准制订、市场定价、行业自律、应对技术贸易壁垒等方面发挥作用。拥有各类大型专业市场 40 个，并基本实现了由传统的专业市场向集物流服务、信息服务、展销服务等为一体的综合型、现代型专业市场转变。

2.1.3 内部组织形态

根据产业集群形成的组织方式可将产业集群分为有组织产业群和非正式产业群。浙江省的产业群多属后者。有组织的产业群的形成及发展多由政府或具有一定影响的组织(如委员会、行会、协会)等牵头,群内企业具有较完善的基础设施和相对较高的技术水平。而非正式产业集群多属于规模不大的特色产业群。其产业群的形成是由市场因素引起的,人为尤其政府干预的很少。这种产业群从开始到形成的过程中,所花费的时间相对漫长,但一旦形成具有一定规模的产业群后,往往较稳定,具有一定的竞争优势。但在其形成之初,由于自发或者偶然的因素导致的产业聚集,群内企业的技术水平并不高,工人的技能水平低,基础设施落后,企业前后向联系薄弱。但非正式产业集群也存在一个好处,由于它是自发形成,进入壁垒低,因此这种产业群的形成最开始是由一些经济发展较快、具有自由市场的地区首先形成,如我国的广东、江浙一带,产业群内多是邻居、熟人,因此企业具有良好的信任基础,企业间较易结成联盟。但是,这种产业群由于没有政府或其他组织的有效干预和支持,发展较为无序。一旦遇到外界较大的困难或障碍(如世界金融危机、经济危机),则可能无法克服,但一旦发展壮大,形成一定规模的有序化发展以后,则可能形成具有国际竞争力的地方产业群。

根据美国哈佛大学教授迈克尔·波特在 1990 年出版的著作《国家竞争优势》中提出了国家竞争优势的“四因素模型”,也就是我们熟知的“钻石模型”。产业集群内部组织形态的四因素和两个辅助条件的关系结构示意图,如图 2-1 所示。

要素条件。要素条件是一个国家生产要素的情况。每个国家都需要一定的生产要素来推动生产,发展经济,包括人力资源、自然资源、资本资源、基础设施等。波特把各种资源分为两大类,分别称为初级要素和高级要素。初级要素包含自然资源、气候、地理位置、资金等。而高级要素则包括熟练的劳动力、基础设施、专门的技术、受过高等教育的人力等。初级要素对其的需求越来越少,集群中的企业可以较容易地获取。而高级要素所涵盖的内容不是一朝一夕就可以获取的,所以高级要素成为要素条件中最重要的环节。

需求条件,是指对某个行业的产品或者服务的国内需求情况。从国内

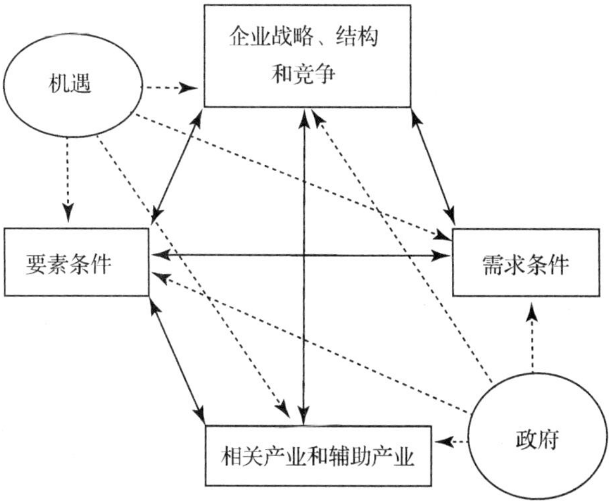

图 2-1　产业集群内部组织结构

需求来讲，需求的构成主要表现在三个方面：1.需求的细分结构。市场细分有助于企业形成有效的竞争战略，并发挥规模经济的作用。市场细分有助于企业集中优势，取得局部优势。2.成熟的、苛刻的购买者。那些成熟的购买商对企业产生压力，迫使企业提高产品的服务和质量标准，努力降低成本，提升竞争力。3.预示性买方需求。如果国内买方需求预示了其他国家的买方需求，这意味着国内买方需求向企业提供了一个关键的市场需求信息，为企业早做准备，生产或者提供适应国际需求的产品或者服务打下了坚实的基础。这不仅有利于开发新产品和新市场，而且有利于培养国内成熟的消费者。

相关产业和辅助产业，指国内是否存在具有国际竞争力的供应商和关联辅助行业。相关产业和辅助产业在高级生产要素方面投资的好处将逐步扩散到本行业中来，有助于该行业取得国际竞争的有利地位。上游产业具有国际竞争力，有助于提升下游产业的国际竞争力。上游产业可以及时为下游产业提供新的概念、新的创意。而下游产业也可及时为上游产业提供生产所必需的产品和服务。上下游的联动，会增强双方的国际竞争力。波特指出，即使下游产业不在国际上竞争，但只要上游供应商具有国际竞争优势，对整个产业的影响仍然是正面的。一双鞋子的生产和制造离不开原材料的供应。

企业战略、结构与竞争。确定区域国际竞争力的第四个因素是企业战略,结构与竞争状况。这里提到的竞争是国内同业对手之间的竞争。一般认为国内的竞争将会消耗过多的资源,不利于企业在全球的竞争。可是波特指出,在其研究的10个国家中,强有力的国内竞争对手普遍存在于具有国际竞争力的产业中。在国际竞争中,成功的产业必然先经过国内市场的搏斗,迫使其进行改进和创新,海外市场则是竞争力的延伸。如,浙江的产业集群在激烈的市场竞争中,区域龙头企业得到快速成长,对中小企业的带动作用明显增强。示范区建设推进过程中,培育发展了一批规模较大、技术水平较高、竞争力较强的重点优势企业,渐而又促进了产业集群整体水平的提升,两者相互促进、共生共荣。

机遇作用。机遇是可遇而不可求的,一些偶然性的突发事件和机会也会对国际竞争力产生影响。对企业发展而言,可能形成机遇的情况有:基础科技的发明创造;传统技术发生技术断层,无法继续前行;外因造成生产成本的突然提高;世界金融市场和汇率突然变化;市场需求突然变化;战争等。机会是双向存在的,当一些国家对机遇有一定的预见性,或者有充分准备的话,可能使一些国家获得竞争优势。机遇也可能使一些毫无防范的国家丧失优势,产生两种截然不同的结果。

政府作用。企业是产业竞争的主体,竞争优势最终还是要在企业上反映出来。政府无权来干涉企业到底应该发展哪些产业,政府只能提供企业所需要的资源,创造产业发展的环境。政府可以通过政策调节来激励企业提高竞争能力,如进行定期的政府采购,但是采购需要政府扮演挑剔的顾客的角色,从一个侧面来推动企业的竞争和创新。政府还可以使国内市场处于永不停息的竞争状态中。波特认为,保护会延缓产业竞争优势的形成,使企业停留在缺乏竞争的状态。浙江省平湖光机电产业集群便是政府规划引导型产业集群典型。光机电产业作为平湖的第一大支柱产业,总产值从2000年的9.1亿元上升到2010年的204亿元,共有光机电企业826家,其中规上产值142.5亿元、规上企业142家,分别占全市规上的22.07%和17.51%,从业人员已达35000人以上,数码相机快门、手机摄像头、液体动压轴承单元分别占国际市场份额的25%、65%、100%。平湖光机电产业集群作为政府规划引导型产业集群典型,其转型升级路径主要特征:一是政府推进大力引进日资企业。从1995年引进世界上最大的电机生产企业日本芝浦制作所(其多种电机产品在国际市场占有率都在50%以上)与平湖国企——金成电子厂合作生产变速器开始,相继引进日本电产株式会社、关东美辰电子株式会社、东京特殊电线株式会社的投资,在平湖快速形成了以日资电机为主要产品的光机电产业集群。二是营造良好的产业环境。平湖市政府通过专业化服务，完善基础设施建设，营造适合日本人居住的环境，协助进行人才培养和招聘，营造出适合光机电企业发展的产业环境，吸引了众多光机电企业落户平湖。三是推进集群从外源型向内外共生型转型。统筹兼顾外资、内资两类企业，采取综合措施，增强日资企业根植性，积极开拓新外资，形成多元化良性竞争格局；培育龙头企业，通过招商引资，做大做强本土企业，以内外协调发展的大环境来支撑平湖市光机电产业可持续发展。

2.1.4 企业网络关系

集群企业主要是基于本地网络或地方网络而实现成长的。集群中的本地网络是由本地的原材料供应商、半成品供应商、成品生产商、销售商、辅助性产品制造商、相似技术或共同劳动力市场的部门、教育培训机构、研究开发机构、金融机构以及共同政策机构等节点构成，这些部门和机构组成了一个完善的产业运行系统。由于本地网络的形成是基于价值链或产业链的分工要求的，符合产业生产活动的特点和要求，因此也被称作“地方生产体系”或“柔性生产综合体”。在创新学派看来，这种有助于区域集体学习和创新的本地网络就是“区域创新网络”。

本地网络的形成和发展要受到多种因素的共同作用，但嵌入性被认为是本地网络形成和演化的重要原因。嵌入性是指企业的经济活动要受到社会因素的影响。许多本地企业、机构之所以能够在特定地理空间内集聚并稳定发展，相同的或近似的区域社会文化因子起到了重要作用。这种在特定区域内被广泛接受的行为模式是由显性的编码化知识和隐性的隐含经验类知识共同构成，其中隐含经验类知识在创新和传播关键性资源过程中发挥了重要作用。Grbaher(1993)等在《嵌入性企业》一文中指出，企业与周围区域内的相关企业、供应商、客商、地方政府、中介机构、研究机构等行为主体结成网络，这种网络深深地根植于特殊的区域社会人文环境之中。Sxaneina(1991)将硅谷的成功归功于本地网络的发展，其中，社会关系网络和人际关系网络发挥了重要作用。Harriosn(1992)也指出，本地网络的嵌入性对于产业区的发展显得尤为重要，否则区内企业的合作基础不稳固。当然，我们也不能低估经济性因素在本地网络形成和发展中的重要作用，因为集群网络是基于特定价值链和产业链分工而形成的，理性的经济考虑也是集群企业决策和行为的主要基础。

本地网络中的行为主体主要包括了企业、政府部门、金融机构、中介服务机构、大学和研究机构等具有行为能力的节点。而且，几乎每个节点上都同时存在着多家企业、机构，成为企业、机构之间合作竞争的现实基础。根据网络联结节点的差别，学术界习惯将本地网络分为 3 个不同层次：一级网络，企业与企业之间的网络；二级网络，企业与政府部门、中介机构等非企业组织之间的网络；三级网络，非企业组织之间的网络。同一本地网络中同时存在着上述 3 个层次的网络形式，而且，在不同的集群中三者的重要性程度可能不同。网络节点之间的联系有显性关系和隐性关系之分，其中，显性关系传输的是可以观察到的物资和劳动力等，隐性关系主要是指人与人之间非正式的交流活动中知识、信息等资源的流动。因此，本地网络相对应地分为两种形式，即商业网络或交易网络和社会网络。交易网络是发生在市场交易或知识、技术等创造活动中的正式合作关系，是指企业在其设计、技术开发、生产、营销等创造价值活动中，主要指区域内的产业链条上下游各环节之间的价值创造活动，选择性地与集群内地其他企业和组织所结成的较长期的稳定关系。社会网络主要是基于共同的社会文化背景基础建立起来的人与人之间的社会网络（Heny，1996）。它有效地传递和扩散隐含经验类知识（Sxaneina，1994）。

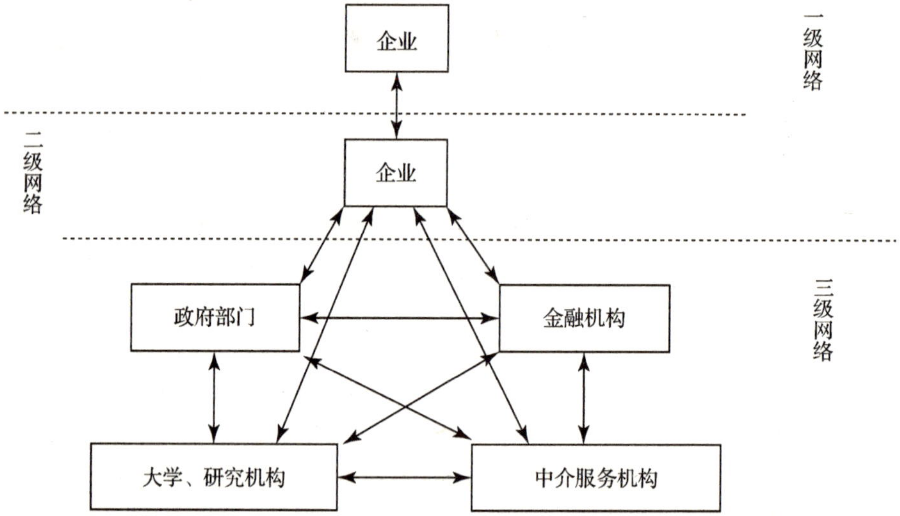

图 2-2　集群企业本地网络的基本架构

事实上，本地网络的结构远不止如图 2-2 所示那样简单，特别是企业间的一级网络有着丰富的结构特征，因为本地网络中的企业包括了许多原材料和零部件的供应商、成品的制造企业、分包商、销售代理商、各种形式的企业服务商以及数量很多的同行企业。

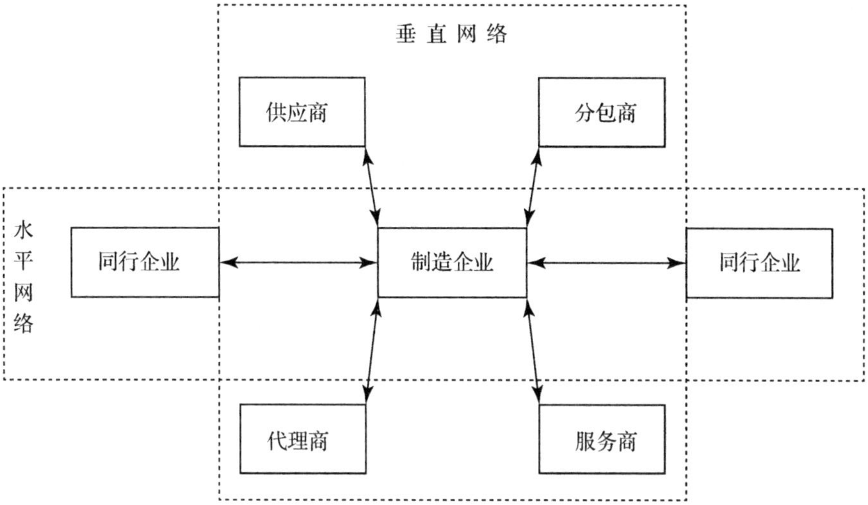

图 2-3　一级本地网络的要素与结构

基于对浙江省椒江缝纫机产业集群、路桥汽车摩托车产业集群和海宁皮革服装产业集群的企业调查研究，识别出了本地网络不同特征对集群企业成长的影响情况。研究表明，在一级网络方面，接近本地网络的中心位置、提高前后向关系的强度、促使前后向关系的长期化、从本地客户处获取市场信息以及与本地供应商开展合作研发，都有助于集群企业快速成长；但拥有较多种类的本地关系、保持较大的前向网络位差和较少的后向网络位差，都不利于集群企业快速成长。如图 2-3 所示。在二级网络方面，与地方组织建立较多种类的关系和保持较高的交往频率，都有助于集群企业快速成长；但与地方组织间的关系保持越久，集群企业就越不容易成长。这意味着并不是构建越多种类的本地关系、促使本地关系的长久发展、不加选择地容纳各种规模类别的合作伙伴，都能对集群企业成长起到促进作用，相反可能会造成网络资源的冗余和企业行为被网络锁定等后果。分析得出，除了一级网络的关系强度对各种集群企业的成长都有促进作用外，本地网络的其他特征对集群企业成长的影响要视企业内部资源高度类别而异。一级网络的中心度、前后向关系的持久度、前后向关系类型以及二级关系的范围、强度和持久度，对内部资源高低状况不同的集群企业有不同的影响。

2.1.5 地方根植性

对于产业集群来说，惯例及其群体内的相互模仿由于其地理的接近，发生的频数更高，惯例对集群生存的影响力就不再是一个企业或组织，而是一个产业或多个产业组成的群体。当组织惯例在群体中传播并普遍沿袭，群体的地方根植性便形成了，并不断地影响着后继者。当组织惯例被同行或其他组织认可并被模仿时，那么组织的惯性就演变为组织周围群体的行为惯性，组织的惯例也就成为周围群体的惯例，于是这种被共同认可行为模式就演变为产业集群的地方根植性。

企业的竞争力取决于国家环境，但更多地取决于企业所在的区域和地方环境。作为区域特色经济主体的中小企业，只有在区域社会文化环境基础上才能得以成长。人们虽然在不同的企业里工作，但由于区域的一种氛围，人们都具有相同的价值观和行为规范。由于这种共同体特征，区域特色经济具有很强的区域一致性、集体企业家、柔性专业化、竞争与合作的共存、信息的迅速扩散、经济与社会的融合、很强的集团一致性等特征。这在浙江温州人创办的企业中可以得到充分的说明。由于具有同样的文化背景，互相之间的信任使合作成为一种低成本的途径，进而形成了国内外有名的“温州帮”。其实，经过 30 多年的发展，温州的产业集群已经趋于成熟，现在的增长速度已不如当年之快。温州产业正在不断向国内外衍生的现象，当地企业正在不断地移往上海等地，一些外资的进入可能存在正在侵蚀温州当地企业的品牌。虽然温州（包括浙江全省）的企业众多，但真正品牌响亮的大公司却寥若晨星，而经过近 30 多年的发展，有些曾经闻名的企业品牌已经开始出现陨落之迹象。这一方面表明温州产业集群的发展在一定程度上已经趋于成熟，尽管温州企业也已经在不断地吸收外部先进的知识和技术来提升自己的产业层次；另一方面却表明当地已经出现了某种束缚地方企业发展的因素。就后者而言，问题可能很多，但这里我们将分析其一，即温州文化中“宁做鸡头不做凤尾”的惯性思维方式，这一点用现在的经济社会学术语即是地方惯例和根植性因素。

再以浙江义乌为例，义乌玩具产业集群根植性分别从经济、社会、制度、文化等方面得以体现，其作用机制是通过人力资本集聚、减少交易费用、知识共享、制度保障及企业家精神培育得以实现。首先，在宽松的政策环境、良好的基础设施建设以及义乌广阔的市场前景的带动下，以浙中城市群为依托，在产品和生产基地逐渐向义乌集聚的过程中，带来的国内国际玩具相关人才集聚于义乌并随着“义乌玩具”区域品牌的逐渐形成，也进一步影响了国内国际人才向义乌集聚。这些人员都是经商人才，有着多年的从事营销和管理的经验，正是这批人才促进了义乌玩具产业集群的发展。同时，义乌可耕地面积天然不足、人均耕地不断减少，自然禀赋的反向促进导致了义乌玩具产业集群的形成。另外，义乌玩具企业有着共同的成长背景并经常性在一起交流，降低了知识和经验的差异及空间距离的集聚和信息的集聚均使产业集聚的交易成本减少以促进了产业集聚的形成。再者，知识的共享机制及义乌市政府简化政府审批手续，进行出口奖励、出口退税专项贷款贴息等方面政策的保障，还有敢于冒险和敢于求变的企业家精神均使玩具产业能够扎根于此并能很好地发展。

2.2 浙江制造业产业集群国际化发展现状

2.2.1 国际化发展阶段特征

综合分析来看，浙江省产业集群发展进入加速转型期，尽管面临诸多挑战和压力，总体上仍处于可以大有作为的重要战略机遇期，总体呈现5个方面的趋势和特征。

产业结构进入加速调整期

未来一个时期产业结构高级化进程将进一步加快，纺织、服装、化纤、皮革、建材等传统劳动密集型产业集群在规模比重、发展速度上将呈现持续下降的态势，新能源、节能环保、新材料、先进装备制造、物联网等战略性新兴产业集群将不断涌现，并发展壮大。

发展模式进入加速转型期

集群发展驱动力将加快从投资驱动向创新驱动转变，集群创新体系功能将显著提升；升级模式将从原来以流程和产品升级为主导的升级模式向以功能升级和跨产业升级为主导转变，支持功能升级的生产性服务环节将逐步成为产业集群的重要盈利环节。

要素结构进入调整关键期

要素结构优化升级或要素间升级是产业集群发展方式转变的基础。建立在低成本劳动力、资源能源消耗的传统要素结构将加快向高端要素引领、与传统要素互动结合的新兴要素结构转变，人才资源、技术资源、管理资源、信息资源、制度资源将成为产业集群转型升级的主要支撑。

全球制造网络进入加速构建期

新时期浙江省产业集群将进一步融入全球制造网络，而不是局限于当前“两头在外”的价值链分布。积极参与和构建符合产业集群转型升级方向的全球制造网络，实现全球资源整合，转移部分低端制造环节，掌控价值链高端环节，是浙江省产业集群特别是传统产业集群转型升级的重点。

品牌经济进入加速发展期

随着浙江省产业集群的加快转型升级，集群所依托的产业和产品不断走向世界，将塑造出一批知名度、美誉度高的产品品牌和企业品牌。同时，将进一步推动形成世界性的区域品牌，区域品牌是众多企业品牌精华的浓缩和提炼，更具有广泛的、持续的品牌效应，它是一种珍贵的无形资产，区域品牌的形成将极大地推动“浙江制造”向“浙江创造”转变。

2.2.2 国际化水平评价指标体系

构建一个以定量指标为主的国际化测度模型，为产业国际化水平测度提供依据，以便更好地把握好评价对象的国际化水平，为产业国际化的进一步发展提供决策上的参考。接下来从实际应用角度出发，选择贸易国际化(产品的进出口)、生产与投资国际化和技术创新国际化 3 大指标构成评价产业国际化水平指标体系的第一层。指标的选择无论是定性指标还是定量指标都必须考虑指标的量化问题，并且尽可能使所选择的指标满足量化要求，同时基于指标数据的可获得程度，经过分析得出成本模型的指标体系如表 2-3 所示，其中最高层(A)是目标层，表示产业国际化程度，即贸易国际化(A_1)、生产与投资国际化(A_2)、技术创新国际化(A_3)；中间层是准则层，表示目标层当中每个指标的构成；最低层为指标层，一共有 24 个指标。在实际进行国际化水平计算中，有些指标，如本产业总产值占 GDP 比重 C_{211} 是运用数学公式计算的显示性指标；有些指标的数据，如对外直接投资额 C_{213} 需要从统计局和科技局取得；有些指标如贸易环境 C_{232} 是定性指标。因此，本指标体系是一个相对全面而复杂的指标体系。

本研究的模型指标权重是在打分的基础数据上，把有关评价指标权重标准和有关评价标准值资料相结合运用 AHP 法最终推算出来的数值。各指标相对目标层的权重如表 2-3 中。

表 2-3 产业集群国际化水平指标体系

	目标层	权重	准则层	权重	指标层	权重
产业集群国际化水平评价指标体系 A	贸易国际化 A_1	0.24	—	—	出口密集度 C_{11}	0.1542
					国际市场占有率 C_{12}	0.0229
					产品进口额（亿美元）C_{13}	0.0315
					产品出口额（亿美元）C_{14}	0.0315
	生产与投资国际化 A_2	0.46	国际化实力 B_{21}	0.2666	本产业总产值占 GDP 比重 C_{211}	0.0453
					固定资产投资（亿元）C_{212}	0.096
					对外直接投资额（万美元）C_{213}	0.0627
					利用外商直接投资额（亿美元）C_{214}	0.0627
			国际化潜力 B_{22}	0.0384	全员劳动生产率 C_{221}（万元/人）	0.0020
					技术贸易机构 C_{222}	0.0365
			国际化环境 B_{23}	0.0736	技术环境 C_{231}	0.0309
					贸易环境 C_{232}	0.0191
					政治经济环境 C_{233}	0.0118
					相关产业环境 C_{234}	0.0044
					产业政策 C_{235}	0.0074
	技术创新国际化 A_3	0.3	科技投入国际化 B_{31}	0.156	R&D 经费占产业增加值比重 C_{311}	0.0539
					人才海外输出合同业务营业额（万美元）C_{312}	0.0374
					吸引国际风险投资（亿美元）C_{313}	0.0593
			科技产出国际化 B_{32}	0.102	发明专利申请授权量 C_{321}	0.0388
					收录至三大系统的国际科技论文量 C_{322}	0.0194
					科研进步对经济增长贡献 C_{323}	0.0439
			技术贸易国际化 B_{33}	0.042	购买专利支出 C_{331}	0.0168
					技术市场成交合同项 C_{332}	0.0126
					技术合同额（亿元）C_{333}	0.0125

2.2.3 国际化水平总体现状评价

改革开放以来，浙江创造了上百个具有专业化分工协作特点、年产值几十亿乃至上百亿的产业集群，经济实力全国排名前列——“浙江经济奇迹”。这个奇迹的产生不仅依靠微观层面的企业产权制度改革与创新，更依靠以中小企业为主体、特色产业为支柱的产业集群这种有效率的产业空间组织在浙江的兴起与快速发展。

20 世纪 90 年代中期以前，浙江人通过自己的勤劳努力，积极发展乡镇企业形成了以小商品为主的产业集群，但那时主要针对国内市场特别是“三北”市场和广大农村市场销售产品。从 90 年代中期特别是 2001 年加入世贸组织以来，浙江产业集群的层次不断提高。据浙江省委政策研究室的调研统计，2001 年，浙江产业集群产值超过 1 亿元的产业集群 519 个，超 60 亿元的 25 个，合计产值约 5993 亿元，亿元以上产业集群平均规模为 11.55 亿元。截至 2007 年，浙江产业集群以县(市、区)为单位统计有 462 个，工业总产值在 10 亿元以下的 100 个，占总数的 21.6%；产值在 10 亿－50 亿元的 250 个，大于 50 亿－100 亿元的 53 个，大于 100 亿－200 亿元的有 37 个，超过 200 亿元的 22 个，其中 14 个超过 300 亿元。产业集群工业总产值 2.52 万亿元，约占全省工业总产值的 53.4%，产业集群的生产单位(包括企业和个体工业单位)有 23.66 个，占全部工业生产单位的 27.2%；从业人员674.5 万人，占全部工业从业人员的 47.8%。从产业类型看，有绍兴的轻纺产业群、海宁的皮革产业群、嵊州的领带产业群、永康的五金产业群、永嘉的纽扣产业群、乐清的低压电器产业群、桐庐的制笔产业群、诸暨的袜业产业群等等。这些星罗棋布的产业群已经成为开拓国际、国内市场的生产和创新基地。产业集群的兴起与不断发展壮大已成为浙江工业经济发展的显著特色和创造浙江经济奇迹的强劲支撑。

浙江省委政策研究室于 2011 年发布的《浙江省块状经济向现代产业集群转型升级示范区发展报告》显示，如表 2-4 所示，2010 年 42 个产业集群示范区(数据下同)实现销售收入 18489.7 亿元，出口交货值 3828.5 亿元，利润 1045.4 亿元，分别占全省工业总量的 36.3%、35.8%、34.8%。从个体规模看，年销售收入超千亿的示范区数量从 2008 年的 3 个增至 2010 年的 5 个，分别为杭州装备制造、绍兴纺织、萧山纺织、永康五金及宁波服装产业集群，另有 4 个示范区介于 500 亿—1000 亿元之间。块状经济出口交货值最大的10个产业集群分别是杭州装备制造、绍兴纺织、萧山纺织、永康(含武义缙云)五金、宁波服装、温州鞋业、慈溪家电、金华汽车和零部件、乐清工业电气和舟山船舶修造产业集群。浙江产业集群出口贸易的迅猛增长已成为加入世贸组织后浙江外贸出口飞速增长和出口依存度大幅提高的强劲推动力。

表 2-4　2008—2010 年 42 个产业集群示范区出口交货汇总表

序号	集群名称	出口交货值(亿元)		
		2008 年	2009 年	2010 年
1	杭州装备制造产业集群	512.0	460.3	584.3
2	绍兴纺织产业集群	415.0	381.7	485.3
3	萧山纺织产业集群	155.7	104.7	206.0
4	永康五金产业集群(含武义缙云)	260.0	270.0	286.4
5	宁波服装产业集群	90.2	82.0	136.0
6	温州鞋业产业集群	193.0	187.0	247.0
7	慈溪家电产业集群	150.0	160.0	200.0
8	金华汽车和零部件产业集群	42.8	41.2	51.4
9	乐清工业电气产业集群	65.0	59.0	68.5
10	舟山船舶修造产业集群	307.0	400.7	359.3
11	诸暨大唐袜业产业集群	39.6	35.5	57.0
12	台州医药化工产业集群	136.0	127.0	134.9
13	温岭泵业产业集群	48.8	47.6	49.1
14	瑞安汽摩配产业集群	23.7	27.3	33.5
15	路桥金属资源再生产业集群	7.4	8.0	14.0
16	富阳造纸产业集群	2.6	3.0	3.5
17	安吉椅业产业集群	47.2	51.3	74.2
18	平湖光机电产业集群	79.8	74.5	103.6
19	永嘉泵阀产业集群	22.5	19.5	23.5
20	衢州氟硅产业集群	8.8	10.1	13.4
21	海宁皮革制品产业集群	57.4	59.9	66.5

续 表

序号	集群名称	出口交货值(亿元)		
		2008 年	2009 年	2010 年
22	桐乡濮院秀洲洪合针织产业集群	29.0	28.0	35.3
23	余杭家纺产业集群	40.8	36.7	45.6
24	义乌饰品产业集群	38.0	34.0	54.8
25	嵊州领带产业集群	31.0	26.0	40.1
26	兰溪棉纺织产业集群	14.0	14.2	23.6
27	黄岩模具产业集群	13.5	15.0	19.0
28	长兴蓄电池产业集群	0.5	0.6	0.7
29	临海休闲用品产业集群	60.5	69.5	80.0
30	缙云带锯床产业集群	11.2	15.0	17.0
31	嘉善电子信息产业集群	17.8	30.0	60.0
32	舟山海洋生物与海产品深加工产业集群	82.1	90.1	102.5
33	德清生物医药产业集群	25.0	30.0	31.0
34	东阳磁性电子产业集群	20.5	25.6	32.0
35	嘉兴港区化工新材料产业集群	9.8	13.1	14.4
36	新昌轴承产业集群	10.9	13.6	16.3
37	南浔木地板产业集群	3.3	4.3	4.2
38	余姚市节能照明及新光源产业集群	16.0	18.6	20.5
39	建德精细化工产业集群	15.1	17.9	21.9
40	江山木业加工产业集群	2.8	3.8	5.8
41	遂昌金属制品产业集群	1.8	1.9	2.2
42	龙泉汽车空调零部件产业集群	2.7	2.3	4.5
汇　总		3110.8	3100.4	3828.5

2.2.4 国际化发展阶段判断论证

随着全球化和区域化经济的共同发展促进，浙江的产业集群正越来越紧密地融入到全球化的经济当中。改革开放以来，浙江产业集群的国际化发展已经或正在经历3个重要发展阶段，如图2-4所示。

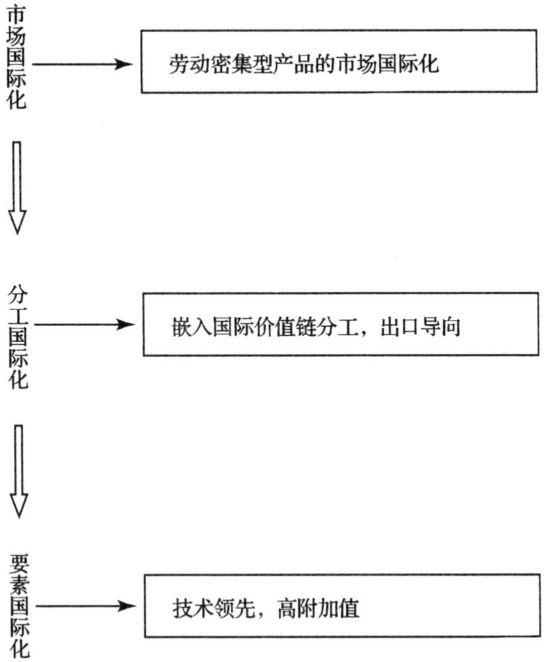

图2-4 浙江产业集群的国际化三阶段

市场国际化

浙江产业集群依托劳动力成本优势和集群先发优势，形成劳动密集型消费品的区域性配套分工协作体系和强大的生产制造能力，实现劳动密集型产品的市场国际化。代表性产业集群包括义乌小商品产业集群、平湖服装产业集群等。

义乌经济最大的特色和优势就是市场，义乌目前已经形成了中国小商品市场的核心，并且已经慢慢地从“小商品的世界”走向“世界的小商品”。义乌专业市场已经成为世界第一大小商品市场。2007年，义乌专业市场市场成交额460.1亿元，同比增长10.2%。其中，义乌的中国小商品城已经成为国际化商品市场，汇集了近32万种商品，2007年成交额348.4亿元，同比增长10.6%，连续第17次蝉联全国批发市场榜首。中国小商品城日均客流量达到21.4万人次，同比增长15.6%。商品辐射180多个国家和地区，行销东南亚、中东、欧美等地，年出口量已达总成交额的50%强。其中，工艺品、饰品、小五金、眼镜等优势行业商品出口量占行业销量的70%以上；市场内60%以上的商户发生外贸供货业务，现长驻义乌的外商达5000多人，境外商务机构200余家。

产业集群促使专业市场吸引更多的国际买家，为专业市场的内向国际化打下扎实的基础。比如，在义乌中国小商品城中，凡是外销比例较高的商品，都是地方产业支撑较强的行业，如工艺饰品、服装、线带、袜子出口值均占出口总值的10%以上，而且就近产业集群的产品比例越高，竞争力越强。这充分说明了专业市场的国际化与产业集群的发展是可以并行不悖且相得益彰的，而联结两者的纽带正是专业市场的网络扩张效应。外商、外贸公司、出口生产企业、市场经营者和各类外贸经纪人等专业市场的各主体通力协作，通过连锁制、代理制、配送制等多种方式，构建国内外分市场和分支物流网络。

同时产业集群促使跨国企业直接进驻专业市场。随着跨国采购商在该专业市场采购业务的扩张，跨国公司逐步实行集中采购，在专业市场附近设立采购办事处，以便实时掌握商品的质量等供应信息、物流信息等，国际买家对产品严苛的标准促使市场内企业产品的质量不断提升，更加促进专业市场层次的提升。随着专业市场层次的提升，越来越多的国际买家也转变成卖家，直接在专业市场设点设摊，直接和国内的卖家进行竞争。一方面专业市场增加了国际化的元素，促进专业市场的内向国际化；另一方面迫使国内的卖家和周边的产业集群更紧密地合作，迫使企业不断地进行技术创新，增加产品的附加值，进一步推动义乌专业市场提高质量档次和转变经营方式。

分工国际化

通过嵌入国际价值链分工，集聚大量为国外品牌厂商配套生产中间件的同类企业，形成出口导向的国际性产业集群。代表性集群为平湖光机电产业集群，该集群拥有规模以上光机电企业65家，日本电产科宝（浙江）有限公司生产的数码相机快门、关东辰美电子（平湖）有限公司生产的可视手机用镜头和日本电产（浙江）有限公司生产的电脑硬件驱动马达分别占世界市场的25%、65%和70%。

要素国际化

产业集群内若干家龙头企业通过向全球市场吸引资金、技术、人才形成国际领先的自主研发能力和高附加值的国际品牌，构筑影响全球市场供求关系和价格形成的市场势力；人才与技术的国际化是这一阶段区别于前两阶段的重要标志。

以绍兴的纺织业为例，其形成于20世纪80年代，历经20年的发展，已拓展成汇集轻纺原料、纺织面料、服装服饰、纺织机械等要素的轻纺集群市场。绍兴拥有代表纺织业国际先进水平的无梭织机，处于全国领先地位，但却未能有效释放这些国际先进设备的能量。与省内的"雅戈尔""杉杉""罗蒙"等成衣品牌相比，绍兴作为全国最大的纺织品生产和贸易集散中心，至今没有一家品牌服饰公司，面料企业的知名度也极低。

绍兴纺织产业集群的国际化就是要求纺织产业集群内的生产要素参与全球纺织业经济循环和经济体制、管理方式与国际惯例接轨的程度和过程及绍兴的社会发展、基础设施、生态环境、居民生活和文化交往达到的国际或现代化水准。

由于我国具有生产劳动力密集型产品的低成本优势，以及巨大的国内市场，纺织产业属于劳动密集型产业。这极易吸引国际行业主导企业选择在我国进行一些低端、低附加值产品的生产。绍兴作为最大的纺织品基地，可以"引进来"的方式嵌入全球价值链。绍兴应积极创造机遇为绍兴纺织产业集群以这种方式嵌入全球价值链。如：创造良好的政策环境吸引跨国企业落户绍兴纺织产业集群；用优美、良好的生活环境以及优惠的政策吸引留学人员回国创业，为绍兴带来更多的国际生产机会；积极搭建绍兴纺织集群与国际成功纺织产业集群（如意大利纺织产业）的跨国技术团体，实现两地之间人才、信息与技术的共享；在国际成功纺织产业集群建立分支机构，寻求合作和市场机遇等。如通过与欧美日等跨国公司建立合资企业或被欧美日等跨国公司并购的方式，纳入他们的国际生产体系和销售体系。

另外，产业集群内部主导企业的成功外向国际化，将带领其所在集群的其他企业通过与主导企业的分工、协作关系，也成功嵌入全球价值链，从而实现整个集群的外向国际化。在为产业集群"走出去"提供机遇方面，政府应加大对集群内主导大型企业的扶持力度，给予一定的政策倾斜，加强其国际竞争力；降低出口产品税率，为其创造良好的国外销售环境和渠道等。如通过在发达国家进行直接投资并将产品打入其市场，或者收购跨国公司的业务，购买其技术性资产，以自己的品牌和产品参与全球产业分工，以实现要素的国际化。

据《世界500强在浙江发展情况研究》报告显示，截至2006年底，共有79家世界500强企业在浙江设立了211家外商投资企业，总投资77亿美元，实际利用投资22.6亿美元。其中石化已成世界500强在拥有丰富港口资源的浙江投资的第一产业，共兴办 44 家企业；处于石化产业下游的轻纺产业次之，共有 42 家企业，占总数的 19.9%；排名第三的是机电产品，共设立 37 家企业。

虽然世界 500 强企业已在浙江区域形成了抱团集聚现象，但我们也可以看到，跨国公司和国际资本主要集中在石化行业以及先进机电制造业，而以民营小商品为主的浙江产业集群吸取外资直接进入的现象还是较少的。这跟浙江的产业结构、国际产业转移的趋势、本地企业对待外资的态度、政府的积极倡导、外资企业的发展规划等多方面因素都有关系。如果纯粹地依靠本土经济的自身能力实现浙江产业集群分工的国际化、要素的国际化，这将是一条漫长的征途。

世界 500 强的投资普遍具有技术层次高、带动能力强等特征，借力世界 500 强提升产业层次，将有效推动浙江产业结构的升级和调整。成功地吸引跨国公司和国际资本直接进入浙江众多的中小企业集群，借助外资的力量，快速融入全球经济，抓住新一轮的经济发展机遇，可以较快地跨越 3 个国际化阶段实现国际化的发展。

2.3 浙江制造业产业集群国际化的必要性

2.3.1 全球价值分工的必然趋势

驱使浙江块状经济向国际性产业集群转型升级是必然的。随着经济全球化的发展，任何产业集群都不再是一个封闭的系统，集群已融入全球产业链。伴随产业分工的发展，产品的生产过程被分解为不同阶段，各种活动可以包含在一个企业之内，也可分散于各个企业之间；可以聚集于某个特定的地理范围之内，也可散布于全球各地。当前，全球价值链上的企业从事着设计、产品开发、生产制造、营销、售后服务、最后循环利用等各种增值活动。在全球化背景下如何实现产业集群升级，全球价值链提供了一个有效分析途径。

波特提出公司价值链理论，他把公司的整体经营活动分解为一个个单独的、具体的价值活动，企业通过对自己的价值链进行分析，剔除那些没有实现价值增值或价值增值不高的业务环节，巩固和提高价值增值能力强的业务环节，实现、维持和发展自己的竞争优势。Gereffi（1999）和一些学者将价值链的概念与产业的全球组织直接联系起来，提出了全球价值链理论。全球价值链是指为实现商品或服务价值而连接生产、销售、回收处理等过程的全球性跨企业网络组织，涉及从原材料采集和运输、半成品和成品的生产和分销，直至最终消费和回收处理的整个过程，它包括所有参与者和生产销售等活动的组织及其价值、利润分配。

在经济全球化背景下，区域经济与全球经济的融合、区域价值链与全球价值链的接轨，为地方产业集群进一步发展提供了新的空间。因此，从价值链角度看，当产业集群嵌入全球价值链时，其发展可以划分为两个阶段，即基于区域价值链的内源式发展阶段与基于全球价值链的国际化发展阶段。在内源式发展阶段，集群通过嵌入区域价值链，以区域环境为主要发展空间，区域内要素、市场等基本能满足集群发展的需求；而国际化发展阶段则是指区域内某些因素已不能满足集群需求，促使其嵌入全球价值链重新获取发展所需的支持因素，从而向全球拓展发展空间。

以温州为例，作为中国鞋业的发祥地之一，浙江温州鞋业在改革开放后得到了飞速发展。目前，温州鞋业集群在国际化方面已取得实质性进展，成为鞋业全球价值链上的重要生产基地。研究表明，该集群的国际化程度在逐步提高，其国际化发展属于典型的 D-I 型，即先内源式发展，再逐渐进入国际化发展阶段，其正要进入后一发展阶段。

同时，许多产业内的生产链由原先的一个国家延伸到多个国家，大型跨国公司的全球采购、全球生产和全球营销策略使其处于供应链和价值链上的核心位置，这种新格局为我们提供了在这个价值链中寻找自身具有竞争优势的环节和争取更多产业内分工的机会。浙江制造业产业集群国际化以此成为全球价值分工的必然趋势。

2.3.2 经济转型升级的现实需求

现今，地方产业集群嵌入到全球价值链中，都处于价值链的低端环节，其从事的价值创造活动或提供的最终产品都依赖于其廉价劳动力资源优势。而产业集群的升级，是要沿着价值链升级，提高产品的附加值，在价值链中由低端走向高端。

如浙江海宁“皮革产业”集群中有相当一部分企业已经参与到了国际市场的分工合作，但微笑曲线全球价值链模型表明，海宁皮革产业集群仍处于低端的加工制造环节,获取价值较低,利润空间较小。其缺乏自主创新型人才、研发设计费用投入又少,这导致了海宁皮革产业技术研发和设计水平低,大多数企业只能从事贴牌制造,在价值链上获取有限的价值。同时,海宁皮革产业层次总体较低,生产制造环节成本优势逐渐减弱,均需海宁皮革产业通过转型升级以克服。海宁皮革产业集群的转型升级需依赖"微笑曲线"整体提升,不仅要提升两端的研发设计与品牌服务,还要升级底部的生产工艺,让"微笑曲线"变得平坦,扩大生产附加值。

而产业集群的国际化,正是通过生产劳动力密集型产品的低成本优势,以及巨大的国内市场吸引国际行业主导企业选择在这里进行低端、低附加值产品的生产。首先通过积极搭接国际成功产业集群的跨国技术团体,实现两地之间人才、信息与技术的共享,并在国际成功产业集群建立分支机构以寻求合作和市场机遇改善。并且,产业集群内部主导企业的成功外向国际化,将带领其所在集群的其他企业通过与主导企业的分工、协作关系,也成功嵌入全球价值链,从而实现整个集群的外向国际化。比如,在为产业集群"走出去"提供机遇方面,若能得到政府对集群内主导大型企业扶持加以一定的政策倾斜,均能加强产业集群的国际竞争力,以自己的品牌和产品参与全球产业分工。

20 世纪 90 年代初,台湾宏碁集团董事长施振荣提出了"微笑曲线"的概念,用一个开口向上的抛物线描述个人计算机制造流程中各个环节的附加价值,抛物线左侧是价值链上游环节,包括关键零部件制造、设计和研发,产品附加价值逐渐上升;其右侧是价值链下游环节,包括品牌运作、销售渠道的建立,附加价值也呈逐渐上升趋势;而劳动密集型的中间制造、装配环节不但技术含量低、利润空间小,而且市场竞争激烈,容易被成本更低的同行替代,成为整个价值链中最低层次的部分。

结合我国当前的比较优势,继续巩固其在全球价值链中制造环节的优势,提高生产制造环节的核心竞争力,吸引全球供应链核心企业选择"中国制造",进而推动整个价值曲线向上移动,实现在同一制造环节附加值的提升、价值的增加。改变在全球价值链中的位置,在价值链曲线中从中间的制造环节向左边高附加值环节移动,由劳动密集型的生产环节向技术密集型的关键零部件研发、产品研发设计等环节推移,这就需要进行技术创新,由"中国制造"转变为"中国创造",实现集群的创新升级。并通过服务创新使价值链曲线从中间的制造环节向右边移动,向高附加值的营销、品牌、服务环节升级,结合产业集群网络结构特性,在集群内延伸供应链,培养扶持核心企业，增强上下游企业关联协作，优化集群网络内节点关系，以实现集群内的组织结构升级，均对浙江制造业产业集群通过国际化以更好地嵌入全球价值链提出了必要性的要求。

当今世界，全球化的活动空间和本地化的产业集群相辅相成，产业集群是在全球化与区域化交互作用下的参与竞争的骨干力量。对于浙江省产业集群的转型升级，一方面要深入挖掘现代产业集群的本质特征和核心价值；另一方面要认清当前全球经济发展趋势，把握浙江省工业化发展的阶段特征，适应发展模式的变迁，并调整产业集群发展战略。从全球产业发展趋势和产业链治理机制、区域经济发展的阶段特征、新时期的时代要求等方面看，浙江省产业集群发展进入加速转型期，发展机遇挑战并存。

从全球产业发展趋势和产业链治理机制看，浙江省块状经济处于转型升级不利地位。浙江省块状经济以传统劳动密集型产业为主，高技术和战略性新兴产业集群发展相对滞缓，集聚化程度较低。同时大部分块状经济没有话语权，处于核心地位的跨国公司进行着价值分配，对整个价值链进行协调和治理，它从根本上不利于浙江省块状经济在全球价值链的升级。

从浙江省工业化发展的阶段特征看，浙江省处于产业集群转型升级的关键期。根据国际历史经验，处于这一经济社会发展阶段的经济体，其区域产业结构、需求结构和要素支撑结构都普遍发生明显变化。浙江省经济发展进入加速转型期，对产业集群的发展模式、产业结构、要素结构、全球化网络建设等方面都提出了转型升级的要求。

从新时期的时代要求看，块状经济转型升级压力和紧迫性进一步加大。面对低碳经济、绿色经济、可持续发展的时代要求，浙江省资源要素环境压力对经济发展的制约将进一步加剧，对浙江省产业集群过多依赖低成本劳动和过多依赖资源环境消耗的增长方式提出严峻挑战，产业集群发展模式调整迫在眉睫。

从国际产业集群发展和调整的新动向看，块状经济转型升级面临外部竞争加大。进入 21 世纪以来，发达国家产业集群根据国际产业结构调整的趋势，加快转型步伐，特别是传统产业集群加快了功能升级，如意大利产业集群变化的主要方向是供应网络向国外延伸，开展国际活动对服务的需求比过去更为强烈，这样就推动了产业集群专业化服务业（如设计、技术培训和研发、物流、金融、通信和市场营销等）的发展，这些服务项目越来越成为产业集群的基本功能。生产联系的国际化已经成为意大利产业集群的一个显著特点，意大利制造的国际化进入了崭新的时期。发达国家和地区加快产业集群发展和转型，将进一步对浙江省产业向价值链高端环节发展形成挑战。

2.3.3 产业集群发展的内生驱动

随着经济全球化与产业国际化的发展，各种资源与生产要素在全球范围内流动、配置、重组，加速了生产、贸易、投资、金融等领域的全球化进程，使当今世界经济发展日益表现出“全球离散与区域集聚”特征。以区域集聚为基础发展起来的中小企业产业集群，不仅构成世界经济的基本空间架构，也成为各国参与国际竞争的主要主体。伴随着对外开放程度的扩大，特别是在我国加入 WTO 以后，中小企业产业集群在充分利用和开发国际市场、开展国际研发合作、逐渐形成国际化的机制与理念等方面取得了一定的成效。但是在经济转型和开放的大背景下发展起来的我国中小企业产业集群，面临着市场化和国际化的双重压力，其国际化历程也是坎坷不平，这迫使中小企业产业集群遵守国际惯例与规则，以更加积极的态度适应国际大环境的发展情况。

在全球化条件下，地方产业集群要顺利嵌入全球价值链实现可持续发展，必须具备适应国际化发展的人才、较强的技术研发能力、产品开发与设计能力以及国际市场营销与开拓能力等条件，而技术研发能力尤为关键。发达国家因拥有关键的核心技术，成了全球价值链上技术标准的制定者，占据了价值链的最高端，形成了技术进入壁垒。如果没有较强的研发和创新实力，产业集群即使嵌入了全球价值链，也很可能长期被锁定在微笑曲线的下颌位置。因此，要通过路径和机制的创新并顺利嵌入全球价值链实现国际化发展。产业集群要在人才培养与储备、技术与研发、产品开发和市场开拓等方面积极创新，逐步适应和达到全球价值链的规则和标准，才能在全球价值链上升级、发展。

同时，集群的企业必会注重生产制造升级及产品升级过程，以实现产品的高质化和多样化。若企业内部建立质量监督体系，保证品质，将生产出优质产品。因此更为广阔的国际市场可提供市场需求的参考，扩大产品宽度，实现产品种类多样化，以使在市场竞争中保持优势。

另一方面，企业是集群国际化发展的主体之一。任何集群都是由各类企业和中介组织两类主体构成的，产业集群的发展最终都要落脚到集群内部的企业发展。而对于集群内单个企业而言，要在全球价值链上形成自己的单个企业品牌，需要长期的培育、宣传与投入，对企业的人力和财力造成较大压力。而产业集群利用群体性效应，结合区域内特色资源，在全球价值链上形成具有一定知名度、具有强大竞争力的集群品牌或区域品牌。通过集群品牌或区域品牌共享，能使各个中小企业在国际化过程中受益。产业集群国际化发展所获得信息有利于企业国际化。由于产业集群内部企业在地理位置上比较接近，有关产品、技术和竞争等市场信息能够迅速地、成本低廉地在集群内企业间集中和传播。因此，产业集群国际化过程中，通过企业或中介组织获得的各种有关市场供求、原材料供给、消费市场信息、东道国文化与风俗等，对于即将国际化发展的中小企业来说，是非常有价值的。它们通过共享或低成本使用这些信息，能加快其国际化发展步伐，准确掌握市场动态，及时作出应变策略，从而降低国际化过程中的成本与风险。同时，产业集群国际化发展能增强中小企业抗风险能力。一方面，集群内中小企业以联合形式进行国际化发展，可以在远离本土的情况下，互相提供人力、物力和财力的支持；另一方面，集群国际化过程中，其中介组织如协会、律师团等能积极协调与全球价值链各方关系，解决一些单个企业无法处理的问题或障碍。因此，产业集群内部企业的国际化发展要求也对浙江制造业产业集群的国际化提出了迫切需求。

从新时期的时代要求看，块状经济转型升级压力和紧迫性进一步加大。面对低碳经济、绿色经济、可持续发展的时代要求，浙江省资源要素环境压力对经济发展的制约将进一步加剧，对浙江省产业集群过多依赖低成本劳动和过多依赖资源环境消耗的增长方式提出严峻挑战，产业集群发展模式调整迫在眉睫。

从国际产业集群发展和调整的新动向看，块状经济转型升级面临外部竞争加大。进入21世纪以来，发达国家产业集群根据国际产业结构调整的趋势，加快转型步伐，特别是传统产业集群加快了功能升级，如意大利产业集群变化的主要方向是供应网络向国外延伸，开展国际活动对服务的需求比过去更为强烈，这样就推动了产业集群专业化服务业（如设计、技术培训和研发、物流、金融、通信和市场营销等）的发展，这些服务项目越来越成为产业集群的基本功能。生产联系的国际化已经成为意大利产业集群的一个显著特点，意大利制造的国际化进入了崭新的时期。发达国家和地区加快产业集群发展和转型，将进一步对浙江省产业向价值链高端环节发展形成挑战。

第3章　浙江制造业产业集群国内外环境分析

2008年国际金融危机以后以及后金融危机时代，浙江省传统制造业产业集群面临的宏观环境发生了巨大变化。一方面，对国际宏观环境而言，外需下降以及国际原材料价格剧烈波动对经济发展形成了双重打击；自身市场开拓能力不足以及外部保护主义抬头对经济发展形成了双重制约；国际信用紧缩以及国际融资困难对经济发展形成了双重挤压。另一方面，对国内宏观环境而言，劳动用工成本增加和原材料价格波动等因素也推高了企业的生产成本，这些都使得产品在国际市场上的价格竞争力明显削弱。另外，导致外贸有效订单不足问题相对突出的还有产品的设计、研发、品牌、营销等新的竞争优势尚未形成。根据浙江省杭州海关外贸数据，2013年1—5月份，有外贸实绩的中小型企业4.18万家，减少0.15万家。统计还显示，不仅是中小型外贸企业，进出口额大于等于1000万美元的大型外贸企业也减少了39家。这种长期以来引以为傲的成本价格优势、各种资源优势正在逐渐弱化，给浙江省制造业产业集群的国际化发展带来了新挑战。

本研究首先在比较优势、出口动力、市场变化等方面的国内外环境进行分析，比较优势包括劳动力成本、土地成本、环境成本、资本成本等资源要素方面的分析，出口动力主要是外资企业对集群内制造业企业的投资比重以及投资取向的变化分析，市场变化主要是对美日欧市场贸易额比重与新兴国家市场贸易额比重的比较分析，还有对贸易政策、贸易摩擦等方面进行分析。其次，从宏观、中观、微观方面分析集群国际化的影响因素。宏观方面主要是从经济全球化、全球产业转移、政策环境等方面分析，中观方面主要是从区位条件、要素条件进行分析，微观方面主要是从自身组织结构因素、集群拥有的资源因素等方面进行分析。

3.1 浙江制造业产业集群动态分析

在新时期，浙江省制造业产业集群的内外部环境发生了显著的变化。本部分主要从两个大的视角出发，重点分析产业集群的动态比较优势变化、出口动因变迁以及外部环境方面的变化。事实上，浙江省制造业产业集群同国内其他相似集群一样都存在几大明显的发展特点：一是在改革开放初期这类产业集群均出现了"井喷式"的发展；二是在2008年全球"金融危机"以来，各大制造业产业集群发展速度出现不同程度的放缓。对浙江省制造业产业集群的环境进行分析，对于摸清情况、抓住重点是大有裨益的。

3.1.1 动态比较优势变化

众所周知，同发达国家相比无论是劳动力素质、技术水平、资本充裕程度等诸多方面，中国都不占上风。支持中国30多年来高速发展的重要动力之一就是低廉的劳动力成本带来的"人口红利"。在原有的农村小农经济上存在着大量剩余劳动力，根据刘易斯的"二元经济"理论，存在无弹性供给的历史阶段，这也是中国产品价格便宜的原因所在。浙江省制造业产业集群也是沿着这样的路径起步的，但是随着经济的发展，浙江省的劳动力成本逐渐提高。同全国其他省份相比浙江省劳动力成本较高，2014年浙江省平均月工资水平已经超过4500元，一类地区①最低月工资水平已达1650元。劳动力成本的优势不再，推动浙江省制造业产业集群进一步国际化的动态比较优势何在？综合来看，当前浙江省制造业产业集群主要呈现出以下3个特征。

劳动力成本比较优势弱化

与全国整体情况类似，浙江省制造业产业集群的主营产品集中于劳动密集型，其代表性的产业诸如制鞋业、纺织业等。还有一类集中于中低技术密集型产品的生产，诸如小五金、小家电等。长期以来，浙江省产业集群忽视创新驱动，主要是以技术引进和模仿创新为主，且自主创新能力较差。

① 这里的一类地区是指杭州市区(包括余杭区)、宁波市区、温州市区。

2013年浙江省高新技术产品的出口比重仅占出口额的6.87%。这一方面说明浙江省出口产业集群集中于传统行业，创新能力较其他先进省份低下。浙江省出口产业集群总体上形成了以数量扩张为主的运行模式，其特点就在于低价格、低成本、低质量。所以浙江省出口受世界经济危机的冲击比浙江周边区域的江苏、山东等省要大得多。近年来，伴随要素成本特别是劳动力成本的显著上升，浙江省在劳动力密集型产业方面的比较优势日趋弱化。

但是，劳动力成本的上升并不意味着浙江省劳动密集型产业集群丧失了竞争优势，而是说要在人力资本上做文章，大力提升集群内部人力资本积累，焕发出新的竞争优势。发达国家的先进劳动密集型产业集群均坚持品牌优先、质量第一、服务领先的发展理念，因而长期把持了高端市场需求。浙江省劳动密集型出口产业集群要通过人才引进，把简单加工式的旧产业发展模式转变为研发设计型的高端劳动密集型产业。这样的比较优势转变不仅不会使得浙江省劳动密集型出口产业集群衰落，而且还能带动一批新兴的富有创新意识的现代化企业的诞生，从而实现传统产业的新生。

技术要素有待升级

2009年开始受到金融危机的持续影响，中国原有的产业优势难以为继，中国政府提出发展战略性新兴产业的构想。立足我国国情和科技、产业基础，现阶段重点培育和发展节能环保、新一代信息技术、生物、高端装备制造、新能源、新材料、新能源汽车等产业。浙江省在先进技术的存量上与上海、广东、江苏等省市相比存在较大差距，流量也不占优势。浙江省制造业产业集群也大都集中于中小规模、中低技术难度的制造业生产上，事实上国内先进省份的产业集群已经向国际高端市场发起了冲击，部分产品也初步具备了国际竞争力。浙江省制造业产业集群则仍处于相对较低的发展水平，动态比较优势要求提升技术水平，而浙江省却还未能较快地实现这一转变。

在可预见的将来，浙江省的制造业产业集群将会面临来自发达国家技术前沿的挑战。这种情况下，企业应主动将改进技术水平，提升研发实力作为良性发展、持续经营的重要手段。这一动态比较优势的转变会造成相当大的“沉没成本”，因为技术的进步一方面来自学习和引进，但是随着浙江省出口产业集群的技术水平逐渐提升，学习的空间就开始减小了，自主研发的重要性就会凸显。这就需要政府、社会、机构等诸多方面携手并进，才能实现浙江省制造业产业集群技术优势的转变。

企业家精神期待提升

浙江省产业集群的区域特色是“小商品、大市场、低成本、高效益”的特点，在全国起步最早、规模最大，在产品价格和生产规模等方面具有优势。浙江省还具有一批富有创新精神和冒险精神的企业家，丰富的企业家精神是浙江省新时期最为可贵的比较优势。但是也应看到，浙江省目前具有出口竞争力的产品大多是科技含量较低的小商品，如纺织、服装、鞋类等劳动密集型产品。技术和资本密集型产业尚未能形成竞争优势，亟须转换比较优势动力。

浙江省制造业产业集群的企业家精神资源尚未能得到充分的挖掘，作为企业家应该怀有世界眼光、不满足于现状，开拓进取。浙江省不乏马云、宗庆后等全国知名的企业家，他们的创业故事就是企业家精神的光辉体现。浙江省的制造业产业集群应该充分弘扬浙江的创业精神、创新精神，并将其投入到生产和研发活动中去。从成功的产业集群案例来看，集群内部是否具有领军型的企业家是至关重要的。美国的硅谷堪称世界的信息技术“梦工厂”，它的发展除了依靠背后斯坦福大学雄厚的科研实力，也是因为有一批世界领先的企业家引领的结果。在现代化产业集群的构建过程中企业家精神的作用应该是第一位的，没有好的企业家精神作为依托，企业组成的产业集群就会缺乏进行技术创新和产品创新的动力，陷入一种低水平均衡状态。

3.1.2 出口动因变迁

早期扩大市场规模，增加利润

早期浙江省产业集群出口的主要动因是扩大市场规模、寻求更大的利润。浙江省产业集群显著特点是市场拓展能力极强，通过扩大国外市场，一方面有利于增加企业利润，另一方面有利于提升国内市场地位。长期以来，中国国内的人均收入水平不高、收入分配不均等原因造成了内需不足的问题。浙江省产业集群正是看中了国外广阔的市场，进而开始了对外出口。20 世纪 90 年代以来，随着发达国家的跨国公司纷纷寻求全球价值链治理，中国渐渐地成为“世界工厂”，加工贸易盛行一时。浙江省产业集群大都成功抓住了这一时期的历史机遇，实现了发展壮大。

这一时期的出口可以看成是在劳动力成本比较优势基础上的国内市场

自然延伸,通过出口一方面可以提升制造业产业集群的利润水平,一方面可以通过出口拉动当时中国的经济增长并换取外汇。国家“奖出限入”的贸易政策很大程度上推动了这一阶段浙江省制造业产业集群的发展。

“出口中学”,提升技术水平

但是在新时期,浙江省产业集群的出口动因远远不仅如此,主要体现在以下方面:一是产业集群通过出口,可以获得“出口中学”效应,提升企业的生产率水平;二是产业集群通过走出去,接受国外企业的“技术溢出”,不断更新自身的技术和工艺;三是主动嵌入国际价值链,通过出口以及更高层次地对外投资行为,提升产业集群在国际价值链的分工水平。

“出口中学”效应的产生就在于企业通过出口积累国际经营的经验,在与世界各国同类商品的竞争中找到技术前沿,从而实现自身技术的提升和效率的增进(Melitz,2003)。但是,国内学者的大量实证研究中发现中国企业的“出口中学”效应并不明显,这与国际经济学的经典理论是违背的。还有一个有趣的现象就是李春顶(2010)提出的“生产率悖论”,大量生产率低下的企业从事出口。这其中一个很重要的问题就是中国的出口中很大一部分是加工贸易出口,是接受国外发包商订单式提供的,而非企业的主动行为,因而这种意义上的出口并不能提供较多的国际生产经验和带来技术进步的效应(戴觅、余淼杰等,2014)。浙江省制造业产业集群的出口情况大致与中国的总体情况相似,2015年“两会”政府工作报告提出中国应该实施培育外贸竞争新优势的政策措施,促进加工贸易转型,发展外贸综合服务平台和市场采购贸易,扩大跨境电子商务综合试点,增加服务外包示范城市数量,提高服务贸易比重。实施更加积极的进口政策,扩大先进技术、关键设备、重要零部件等进口。下一步浙江省制造业产业集群的国际化应该从订单式生产的加工贸易中走出来,加快进行其他的贸易方式,特别是要发挥浙江省在电子商务中的国内领先地位,重点在跨境电子商务这一领域率先发展,尽早成为浙江省制造业产业集群新的增长点。

技术溢出效应可以用克鲁格曼的“南北贸易”模型来理解,技术后发国同技术先发国的产品竞争中可以实现中国和国外技术差距的缩小,其缩小的速度同中国和国外的技术差距成正比,差距越大,这种技术溢出效应就越明显(krugman,1979)。现实中,浙江省制造业产业集群的国际化确实极大地提升了自身的技术水平,缩小了与发达国家企业的技术差距。但是受限于国际化程度不高,浙江省制造业产业集群的技术提升还有很大的空间,综合出口、进口、对外投资、技术合作等诸多国际化方式，可以更大程度地放大这一效应的效果。

主动嵌入国际价值链对于浙江省制造业产业集群的价值提升有较大帮助。通过对国际价值链配置会极大地提升浙江省制造业产业集群的国际化地位。理论上，产业集群所处的全球价值链地位会影响其盈利能力，处于价值链两端的企业从跨国经营中得到的受益最大(Manova，Yu，2012)。要从战略角度出发，积极地向价值链的下游和上游进发，增大对研发设计和营销环节的投入，不断增加国际化带来的利润水平。

战略资源获取，倒逼产业升级

企业战略资源是指企业用于战略行动及其计划推行的人力、财力、物力等资财的总和，也包括时间与资讯。企业的这些战略资源是战略转化行为的前提条件和物资保证。浙江省制造业产业集群的国际化就是在更为广阔的市场上获取更多的人力资本和其他资源。出口贸易的实质已经不单单是为了增加利润，更重要的是在于充分使用国际上的战略性资源，甚至获取上述资源以提升浙江省制造业产业集群的竞争力。

深入的国际化还可以通过“倒逼机制”激励企业通过资源的获取来提升生产效率，浙江省制造业产业集群的国际化需要更多地从战略角度出发。产业升级的可能性某种意义上取决于浙江省制造业产业集群的国际化程度，升级的速度也取决于这种进程。战略性的走出去就在于在更广阔的市场上配置资源。

浙江省制造业产业集群集中于发展中国家的国际化应该更多关注其自然资源和廉价劳动力的使用，这一方面可以解决上述发展中国家的就业问题，也可以进一步延长原有传统行业的生命周期，在对外投资过程中保持原有的比较优势。在对发达国家的国际化过程中，应该更加重视错位竞争，优先考虑国外的“利基市场”，在被忽视的细分市场找寻自身的利润增长点。进而，战略性地获取发达国家市场充裕的熟练劳动力资源和研发人才等，甚至可以直接在外国设立企业的研发中心，使得国际化由相对被动的出口行为升级为更加主动的对外直接投资行为。

3.1.3 外部环境变化

外部环境的分析可以从国内、国外两个视角展开。一方面是浙江省面临国内其他省份的竞争，另一方面国外市场的需求也在发生变化。其主要特征是:相对于中西部省份浙江省制造业产业集群不具有劳动力成本优势，相对于东部省份浙江省的集群不具有技术优势。但是，自2008年以来逐渐恶化的外需有可能出现好转。

国内市场竞争日趋激烈，长期以来东部省份在出口市场的竞争优势地位受到挑战。国家先后推出了“西部大开放”和“中部崛起”战略，极大地解放了中西部的生产力，使得中西部在技术水平上缩小了与东部省份之间的差距。随着“一带一路”的战略实施，预期中西部的对外贸易环境会得到持续改善，东部省份会渐渐丧失在市场和技术上的相对优势地位。特别是浙江省享有优势的劳动力密集型产业，由于自身劳动力成本的上升以及中西部省份产业实力的增强，正在丧失出口市场的优势地位。由于浙江省的实际情况，产业集群大都起源于民营企业的块状经济，集群内的企业普遍规模不大，行业类别集中于劳动密集型和中低技术密集型，且近年来在创新驱动上的发展进程同东部其他省份相比较为缓慢，更有可能在国内市场的激烈竞争中丧失比较优势。

另一方面，国际市场需求下降。起始于美国的金融危机极大地冲击了各主要经济体，降低了全球的经济增长率，同时也引致全球范围内有效需求的严重不足。联合国2014年5月21日发布的更新版《2014年世界经济形势与展望》认为全球经济在未来两年将继续好转，当时2014年和2015年将分别增长2.8%和3.2%，但依然面临一些风险和不确定性。目前，美国通过一系列改革，经济发展得到了一定改善，但是欧盟和日本市场仍然面临着增长乏力、需求不足的窘境，浙江省制造业产业集群正遭受需求短缺的不利影响，而通过市场的扩展应对这一挑战。

该报告当时预计，在主要发达经济体出现回暖迹象，大多数宏观经济指标都在反弹，当时预计美国经济2014年增长2.5%，2015年增长3.2%。日本经济在货币和财政政策的双重刺激下已摆脱通货紧缩，但刺激效果正逐渐淡出，预计2014年将增长1.4%，2015年增长0.9%。报告当时还预计欧盟经济2014年增长1.6%，2015年增长1.9%。报告预测，在发展中世界状况，预计非洲地区2014年增长4.2%，2015年增长5.1%;东亚地区仍然是世界经济增长的火车头，预计2014年和2015年均增长6.0%，其中作为新兴经济体的中国2014年经济增长7.4%，2015年的增长目标是7%;南亚地区经济增长相对稳定，预期2014年增长4.6%，2015年增长5.1%，其中南亚最重要的国家印度2014年增长7.4%，2015年增长5.5%。报告显示，拉美地区经济增长仍然疲弱，预计 2014 年增长 2.6%，2015 年增长 3.4%；受到乌克兰危机影响和西方各国的制裁，东欧独联体国家经济增长明显下滑，预计 2014 年将增长 1.6%，2015 年增长 2.3%；此外，初步统计俄罗斯 2014 年经济增长率 0.5%，2015 年预计增长 1%左右。伴随着世界主要经济体增长速度的普遍放缓，欧美发达国家市场的消费者信心也受到了巨大的打击，世界各主要消费市场均出现了景气指数下降、有效需求不足的问题。这种情况对浙江省制造业产业集群带来很大的负面影响，外贸订单锐减，部分企业不得不缩减产量，浙江省有许多中小企业处于半停工、停工和半歇业、歇业的状况。2013 年上半年浙江出口产业集群中各大中型企业均出现盈利减少的不利局面，约占企业总数的近 20%。

全球贸易规则调整和演进

当前全球贸易治理结构正处于新的调整时期，现有国际贸易规则无法应对以全球价值链为代表的新贸易模式的要求，新兴经济体的崛起对传统以大国为主导的全球贸易治理结构提出挑战。美国等发达国家通过主导 TPP、TTIP、TISA 等贸易投资协定谈判，力图推行代表发达国家利益的高标准的贸易投资规则。这些给中国带来了压力，同时也为中国提供了提升在全球贸易治理中的地位，以及促进国内改革的机遇。以全球价值链为代表的新贸易模式要求对国际贸易规则进行调整

近 10 年来，全球生产网络的形成和发展是全球贸易模式的主要特点，传统贸易模式是商品作为消费品在国家间进行交换；新贸易模式则体现为生产过程的国际化，商品、投资、服务、知识及人员在全球生产网络中跨境流动。全球价值链的变化，使国家间的联系程度更加紧密，利益纠葛在一起。生产的一体化，要求各国市场规则的一致性，以及各国间标准的相融性。这需要更复杂的国际贸易规则来处理商品和要素的跨境流动，促使国际贸易规则从边界规则向边界内规则（Behind the Border Barriers）扩展，这些边界内规则主要规范对象涉及一国的国内政策，如国有企业行为、知识产权保护、劳工等。全球价值链所带来的挑战还包括：全球贸易更多的由 FDI 所驱动，贸易和投资规则有整合的必要性。商品贸易和服务贸易的关联度加强，运输服务、商业流动、信息服务等新领域涌现，需要新的贸易规则来协调这与商品贸易相关的服务贸易的发展。生产分割所引起的中间产品在多国间的流动，使原产地规则的确定需要更细化。新兴经济体的崛起对大国主导的全球贸易治理结构提出挑战。

2008年国际金融危机和随后的欧洲债务危机，引发了世界经济格局的调整，新兴经济体的崛起其在全球经济治理中的地位加强。国际政治理论认为，国际结构转型受物质力量变动、国际制度变动以及观念变动所影响。霸权国家或居于主导地位的发达国家在经济、军事实力方面的改变，制度的创建、变革、替代、消亡，以及观念的变化、文化的转型、文明的冲突与融合共同引发了国际结构的转型。新兴经济体崛起所引发的全球贸易主导力量的变动、WTO中治理结构的调整，以及新兴经济体与发达国家在经济运行中价值观念的差异和冲突，对现有全球贸易治理结构提出挑战。美国等国作为实力强大的发达国家，强调在全球治理中的领导权、高标准、主张建立更"开放、公平、自由"的规则体系，而新兴经济体则更强调合作，注重贸易与发展的关系，倡导建立适合本国经济发展阶段的贸易规则。同时，新兴经济体在全球贸易中重要性的加强促使其在全球贸易治理中从规则接受者向规则制定的参与者转变。美国和欧洲的经济低迷所带来的对外需求的下降，而在全球贸易中，以中国为代表的新兴经济体较强的市场需求支持全球经济复苏，南南贸易快速增加。根据WTO统计，2012年中国是全球第二大出口国和第三大进口国，中国出口占全球出口份额的13.9%，中国的进口占全球进口份额的12.2%。美国、欧盟、中国是全球贸易的三大核心力量，但现有规则制定权仍由美国和欧盟所主导，在美国和欧盟的推动下，近年来，涉及国内政策的、要求更高市场开放度和规范性的更高标准的贸易规则开始在区域贸易治理层面酝酿，新兴经济体在市场中所占的力量和在谈判中规则制定权方面的力量存在这种不平衡，为全球贸易结构调整带来了压力。WTO作为合约式的组织，采用"一个成员国，一个投票权"的协商一致的决策原则。而其他国际组织，如IMF，世界银行等则属于宪章式组织，采用加权的多数投票决定机制，权重按照所缴股金份额来计算。WTO的协商一致的决策机制，使其更快感受到新兴经济体崛起的冲击，新兴经济体在多边贸易谈判中的影响力加强，但多级化治理也导致难以达成一致性意见，这是WTO框架下国际贸易规则调整缓慢的原因之一。

国际贸易新规则的演进路线

新一代国际贸易规则难以在WTO框架下达成，一方面WTO中日益多级化的治理结构使发达国家难以推行代表其利益的新贸易规则，另一方面WTO目前仍在传统贸易议题的谈判中陷入僵局，无法为新规则的谈判提供舞台。从国际贸易新规则的内容、国际规则形成的历史经验、国际贸易新规则的现实发展来看，新一代国际贸易规则演进的路径是：从区域贸易规则开始创建，伴随着规范某一领域的诸边贸易规则的发展，货物贸易、投资、服务贸易规则融合后逐渐向多边贸易规则扩展。

从国际贸易新规则所涉及的内容看，区域贸易协定是新规则谈判的适合平台，新一代高标准规则已经在区域贸易谈判中快速酝酿。

对于区域一体化和多边贸易规则的关系，人们一直以来争论不休的一个重要问题是“区域经济一体化是多边贸易自由化的垫脚石（Building Blocks），还是其绊脚石（Stumbling Blocks）?”，从国际贸易规则的内容看，新的区域贸易规则和现有多边贸易规则分别针对新旧两种贸易模式，两类规则内容、标准有明显的不同，新的区域一体化规则不仅仅是全球贸易规则发展的垫脚石，同时也发挥对全球贸易规则升级的引领作用。国际生产网络通常是区域性的，反映生产网络特点的国际贸易规则最早出现在区域一体化协定中。全球已经形成的北美、欧洲和东亚的生产网络中，欧洲单一市场和北美自由贸易区的构建中包括了深度一体化条款。这些规则旨在消除那些专属于国家管辖、制约跨境贸易和服务转移的法律和管制政策的行动，通过协调与合作来降低国内管制政策所导致的市场分割。TPP、TTIP 等新一代 FTA 协定中，构建代表 21 世纪的贸易投资规则是其主要目标。

从国际贸易规则形成的历史经验看，国际贸易规则的构建主要大国所发起，先形成小范围的核心国集团，再向多边协定扩展。在新的全球经济格局下，美国和欧盟的经济地位虽然受到了新兴经济体的挑战，但他们依旧是全球经济的霸主，在国际贸易新规则制定中将发挥主导权。近 20 年来，美国和欧盟引领全球区域贸易协定的发展，在全球范围内构建了以自身为核心的区域贸易协定网络，其区域一体化战略分 3 个阶段：第一阶段是 20 世纪 90 年代，美国和欧盟分别构建了北美自由贸易区和欧洲经济共同体这两大重要地区贸易集团；第二阶段是在之后的 10 余年间，美国和欧盟分别构建了以自身为核心的轮轴－辐条型区域贸易体系，通过签订双边贸易协定，将自身处于多个区域贸易集团的中心地位；第三阶段，从 2008 年开始，美国开始着力打造 TPP、TTIP 等跨地区的区域贸易协定，而欧盟也通过 TTIP、欧盟－加拿大 FTA、欧盟－日本 FTA 等加强了与主要发达经济体的区域贸易谈判，通过这 3 个阶段的区域经济合作战略，美国和欧盟两大经济体搭建了引领全球贸易新规则的框架体系。

在全球价值链贸易模式下，商品贸易、投资、服务贸易的关联度加强，在新规则的构建中，除了美国和欧盟主导的区域贸易协定外，以美国 2012 模板的双边投资协定、发达国家的单边改革、多边服务贸易协定等也体现了国际贸易投资的新规则，将共同助力于形成新的国际贸易规则体系。

3.2 浙江制造业产业集群国际化影响因素

本部分从宏观、中观、微观 3 个层次展开，深入分析浙江省制造业产业集群国际化影响因素。这部分研究的主要目的在于明确和厘清浙江制造业产业集群国际化影响因素，刻画现状，并为政策建议提供分析基础。

3.2.1 宏观层面

经济全球化

经济全球化是战后，特别是 20 世纪最后一个 10 年以来，全球经济发展的重要特征和趋势。其发展的背景是信息技术革命的飞速发展带来的社会生产力迅速提升，全球经济进行了空前的大整合、大融合过程。经济全球化的本质内容是资本流动的全球化，是建立在社会生产力大发展基础上的社会化大生产和经济合作关系的国际化。

经济全球化已显示出强大的生命力，并对世界各国经济、政治、军事、社会、文化等所有方面，甚至包括思维方式等，都造成了巨大的冲击。这是一场深刻的革命，任何国家也无法回避。中国是经济全球化的受益者，浙江省制造业产业集群在这一浪潮中也正享受前所未有的机遇和挑战。

其机遇在于浙江省制造业产业集群可以通过不断深入的国际化进程来提升自身的生产力水平，不断增加企业的利润来源，并在更为广阔的平台上进行技术合作，获得世界前沿的技术成果。其挑战在于随着中国更加深入地参与国际化，国外跨国公司将会将其触角更为深入地插进中国市场，这势必会给浙江省相关产业集群带来“挤出效应”，挤占一部分国内市场。另一方面，国外跨国公司可以通过战略性资源获取的方法，获得中国境内的人才、自然资源、技术等要素，这也会给浙江省相关产业集群带来不小的压力。

全球价值链配置

20 世纪 90 年代以来，经济全球化趋势不断加强，为了应对日趋激烈的全球性市场竞争，在国际经营中保持持续的竞争优势，来自西方发达国家的跨国公司纷纷着手开始进行全球价值链治理。

这种思维模式的转变，改变了原有的以拥有完整产业链为竞争优势的传统跨国公司运营模式，改为以价值链环节为研究目标，通过深入探讨一个产业上下游一条完整价值链的价值创造和分享机制。根据全球范围内企业的比较优势和要素禀赋将最与其相适应的一种生产价值链环节战略性地配置到该地区，从而获得生产效益的最大化。全球价值链理论解释了产品从生产到销售的过程在全球经济中的布局。总体来看，可以从 3 个视角来关注一条完整产业的全球价值链，即技术研发环节，生产加工环节以及营销售后环节。

在全球价值链最上游的是技术研发环节，这其中还可以细分为创意设计、研究开发、工艺流程和加工手段的提高和技能养成等环节。技术研发环节需要高素质的劳动力资源、优良的试验设施、雄厚的资金实力等相对稀缺的要素，并且研发活动本身需要付出相对较高的沉没成本。正因为研发活动的相对稀缺性，才引致了其相对较高的附加值，在整个产业链的价值增值活动中起根本性作用。以手机行业为例，世界著名的手机生产商苹果公司通过其强大的研发设计能力和品牌塑造，牢牢把握了全球价值链的上游环节，也是最为战略性、利润最为丰厚的环节。事实上，正是由于苹果手机能不断地创新其终端产品才使消费者保持了对其的消费偏好。

在全球价值链中游的是生产加工环节，又可以细分为后勤采购、母板生产、系统生产、终端加工、测试、质量控制、包装和库存管理等环节。在科技革命迅猛发展、国民素质持续改善、金融体系更加发达的今天，大多数传统产业都发展到了生命周期的成熟阶段，大都进入到规模化生产的阶段。因此，生产加工环节比较容易获得其相应的生产要素。中国大多数企业尚处于这一环节，也是相对利润最薄的价值链环节，浙江省产业集群也大多处于全球价值链的生产加工环节，较多地进行来自国际发包商的订单式生产。

在全球价值链下游的是营销售后环节，可以细分为销售后勤、批发及零售、广告及售后服务等环节。在激烈的国际市场竞争中，掌握销售渠道和售后服务市场就占领了该产业的终端市场，也是利润相对丰厚的一块市场。在处于"买方市场"的今天最能把握消费者需求的企业就越能控制终端市场，实现更大的市场份额和价值增值。目前浙江省制造业产业集群大都使用加工生产或者贴牌生产的方式，对于产品的终端销售市场不能形成较强的影响力，因而在国际贸易的利润分成机制中不占有主动权。

浙江省出口产业集群的"走出去"从全球价值链的角度来说就是充分配

置好产业上下游的资源，抢占利润的制高点。诚然，技术研发和市场营销是伴有大量的沉没成本的，企业需要一定的实力作为保证。事实上，浙江省出口产业集群的国际化可以通过核心企业的领头羊作用，率先通过全球价值链治理，逐步掌握国际市场的上下游，并努力向研发设计和市场营销进发，提高企业的利润水平。事实上，浙江省已经出现了一些参与全球价值链治理的龙头企业，比如说吉利集团。吉利集团通过收购沃尔沃汽车，一方面获取了沃尔沃汽车的大量专利技术，并将自身的研发中心设在了国外，这样就跨越性地实现了向技术前沿的推进。另一方面，吉利集团还控制了百年老店沃尔沃汽车的品牌，具备了向欧美发达国家市场进军的重要一环，这一品牌的获取无疑使得吉利集团获得了国际化运营的核心竞争力。下一步，需要有更多的产业集群龙头企业从战略角度出发，找准机遇，对外直接投资，获得提升企业技术水平和增强品牌知名度的战略性资源。当然，这一进程在自发条件下是很有难度的，因为浙江省大部分是民营企业，技术研发和市场营销相对较长的投入收回期会使得企业放弃这一设想。需要通过企业家、政府和社会资源的良性互动，形成政产学研的高效创新机制才能有效地支撑集群内部龙头企业的价值链地位提升。

宏观政策环境

目前，我国有关贸易的宏观政策主要有以下5条：一是配合国家工业化升级，积极鼓励附加价值高、国内关联度高、具有国际市场潜力的高端机电产品出口，如汽车、船舶、数控机床、精细化工等中高级工业化的标志性产品出口；二是调整和完善《高新技术产品出口目录》，对目录内列出的商品给以财税、金融等综合支持，促进高新技术产品出口；三是重点培育名优品牌，自主营销等方式，提升传统轻工、纺织、服装产业的出口附加价值；四是适应“低碳经济”发展需要，促进环保、绿色和低碳型产品出口；五是顺应服务贸易大发展的新趋势，促进金融、服务外包、设计咨询、物流服务等现代生产性服务出口。在实施区域发展总体战略，深入推进西部大开发，全面振兴东北地区等老工业基地，大力促进中部地区崛起，积极支持东部地区率先发展的过程中，实现贸易政策与区域政策有机结合。

具体到3大区域，根据现有的发展水平，我国的主要政策有：一是提升东部，将低附加值、部分劳动密集型产品和加工贸易转移到中部内陆地区，腾出空间和资源发展高技术、高附加价值和高效益的外向型产业；二是发展中部，发挥工业基础好，要素资源丰富以及区位优势，积极承接国际和沿海地区的产业转移，大力发展面向出口的产业；三是带动西部，在内陆中心城市形成若干个外贸集聚发展区，提升边境开放水平，扩大边境贸易，走出一条西部内陆地区外贸发展新道路。另外，在沿海、中部、西部和东北等老工业基地等不同区域，进一步完善海关特殊监管区的合理布局；推动有条件的地区建立自由贸易(园)区等方式，推动对外贸易的区域协调发展。

浙江省制造业产业集群要努力把握我国外贸政策的核心思想，在原有优势的基础上，不断优化自身结构，提升浙江省制造业产业集群的价值链地位。其关键就在于浙江省制造业产业集群要寻求新的利润增长点。当前，中国重点的发展领域是战略性新兴产业，政府已经在上述领域投入了大量的研发资金和政策扶持。浙江省相关集群应该从国家战略的角度出发，结合自身的优势和集群内部的相关资源，选择战略性新兴产业领域内的行业率先进行发展。目前，虽然上海、江苏等先发省市已经在战略性新兴产业中有所进展，但是总体来看仍然处于该类行业的萌芽期，还有很大的产业发展空间可以挖掘。浙江省产业集群面临着国家政策的影响，应该顺势而为，走在国内各省市的前列。

3.2.2 中观层面

集群区位条件

一是地处长江三角洲经济区。2010 年 5 月，国务院正式批准实施了《长江三角洲地区区域规划》。规划中进一步明确了长三角经济区的关键性战略定位，其核心在于打造“亚太地区重要的国际门户、全球重要的现代服务业和先进制造业中心、具有较强国际竞争力的世界级城市群”；到 2015 年，长三角地区率先实现全面建设小康社会的目标；到 2020 年，力争率先基本实现现代化。长江三角洲城市群已成为国际公认的 6 大世界级城市群之一。长江三角洲是我国最大的综合性工业基地，工业总产值占全国近 1/4。浙江省地处长江三角洲经济区南翼，事实上，浙江省拥有承接两大经济区域，即长三角经济区和海峡西岸经济区的特殊优势。浙江省制造业产业集群应该从国家对本区域的规划出发，落实规划中所提到的新兴产业发展。在发展过程中应该注意借力而为，其他省份已经有的新兴产业浙江省具有发展的后发优势，其他省份尚未发展的产业，浙江省产业集群应该充分发挥企业家精神，开创性地进入这些空白领域。

目前,在长三角经济区内部江苏省产业集群在高端装备制造业上相对于浙江省的集群具有一定优势。浙江省产业集群并不一定需要扭曲集群的要素禀赋在装备制造业上同江苏省的相关产业集群一较高下。而是可以通过错位竞争的方法,发挥浙江省产业集群在传统制造业上的优势,进行更为深入的现代化改造和品牌塑造过程,从而实现非对称的竞争优势。比如温州的鞋业产业集群,现在拥有一批具有国内知名度较高的企业,比如康奈和奥康等,温州市提出传统产业升级打造"时尚之都"的做法是在结合现有产业基础之上形成的较为贴近实际的做法。下一步,温州鞋业产业集群的经营重点在于努力提升品牌的国际影响力,可以通过一系列的市场营销活动打造属于温州鞋业的国际品牌。

二是龙头企业引领作用不断增强。示范区建设推进中,培育发展了一批规模较大、技术水平较高、竞争力较强的重点优势企业,渐而又促进了产业集群整体水平的提升,两者相互促进、共生共荣。从产业组织形态看,42个示范区中共有15个属于龙头带动型块状经济,依托龙头企业技术、营销和配套协作等优势带动了一大批中小企业提升发展。从企业规模看,全省146家工业行业龙头骨干企业中有71家"落户"42个示范区内,占全省总量近一半,凸显两者关系。从企业上市看,有18个示范区共计54家企业在国内外成功上市,通过上市进行资本融资意识不断增强。从企业"走出去"看,一大批企业通过并购重组、设立海外生产基地、国外商标注册等手段,实施国际化发展道路。如吉利集团加快海外并购,拥有国际注册商标量1800件,产品远销多个国家。

三是公共服务支撑体系逐步完善。以研发检测平台、行业协会、中介机构、专业市场等为主要支撑,多形式、多层次公共服务支撑体系逐步完善。共拥有各类公共服务平台108个,服务领域涵盖了技术创新、产品检测、信息服务、管理咨询、人才培训、市场调研等;特别是杭州装备制造、绍兴纺织、宁波服装和东阳磁性电子等示范区拥有的公共服务平台都在8个以上。拥有各级行业协会75个,重点在行业标准制订、市场定价、行业自律、应对技术贸易壁垒等方面发挥作用。拥有各类大型专业市场40个,并基本实现了由传统的专业市场向集物流服务、信息服务、展销服务等一体的综合型、现代型专业市场转变。

要素禀赋条件

主要从创新能力、品牌影响力和企业家精神3个方面来论述浙江制造业产业集群的要素禀赋条件。要素禀赋理论告诉我们，要在适应产业集群要素禀赋现状的基础上进行国际化，过分扭曲集群现有要素禀赋的生产和投资行为均不能受到较好的国际化效果。

一是创新能力日益提高。创新能力主要体现在创新投入、创新产出和创新载体建设上。在创新投入方面，2010 年实施 R&D 投入 280.4 亿元，比 2008 年增长 23%，占总销售收入的 1.5%；实施技术改造投入 832.6 亿元，比 2008 年增长 28.6%，占工业固定资产投入的 64.8%，高于全省工业技改投资比重 4.8 个百分点。在创新产出方面，实现新产品产值 3131 亿元，比 2008 年增长 32.9%，较销售收入增速高出 8.6 个百分点，新产品贡献率提高日趋明显；2010 年提交专利申请数 21629 件，获得专利授予数 18152 件。2010 年在创新载体建设方面，共拥有高新技术企业 393 家，国家级企业技术中心(重点实验室、工程技术研究中心)10 个，省级 204 个。浙江省制造业产业集群在良好的创新环境下可以得到较为雄厚的研发能力支撑，特别是浙江省拥有全国领先的政产学研体系，这一体系的树立为浙江省产业集群的转型和升级提供了重要保障。

二是品牌影响力进一步显现。以培育产品品牌、企业品牌和集群品牌为重点，大力发展品牌经济，初步形成较为完整的品牌梯队。中国名牌产品 96 个，浙江省著名商标 395 个，浙江省名牌产品 415 个，出口名牌 89 个，分别占全省总量的 33.2%、15.4%、25.8%和 22.3%；拥有中国驰名商标 206 个。如万向集团钱潮 QC 牌万向节获世界名牌称号，实现浙江省零的突破；宁波菲戈集团近 3 年累计投入近 6000 万元加强设计研发争创国际服装品牌。同时，推动生产要素向品牌企业和优势企业流动，形成集聚效应，一批区域品牌的知名度和美誉度不断提升。共拥有各类全国性集群名片 100 多个，如宁波服装、绍兴纺织、永康五金、嵊州领带、瑞安汽摩配、乐清工业电气、温岭泵业、黄岩模具等产业集群均获得了全国性产业基地荣誉称号。浙江省制造业产业集群在品牌资源方面位居全国前列，特别是在劳动密集型行业中享有众多国内知名品牌，这也说明浙江省相关产业集群较早地关注品牌的建设和维护。

三是企业家精神优势明显。浙江省相对于东部省份而言最具优势的要素就是企业家精神。熊彼特的创新理论中将企业家精神置于企业发展的核心地位，在市场经济的浪潮中，浙江省所具备的企业家精神是稀缺、宝贵的要素资源。浙江省有中国知名的企业家如马云、宗庆后、李书福等，他们的存在正是浙江省制造业产业集群胜出国内其他集群的关键因素之一。从理论上来说，企业家精神的资源处于各类要素禀赋的核心地位，通过企业家精神要素来支配其他要素运转和发挥其作用。浙江省的企业家精神资源是浙江省制造业产业集群走出去的坚实基础。

产业政策环境

从2010年开始，我国政府将产业政策的重点放到支持战略性新兴产业发展上来。提出了发展战略性新兴产业的目标：一是大幅提升产业研发创新能力。企业集成先进技术成果以及科技成果转化能力显著提升，充分把握一批具有自主知识产权的核心技术，构建一批具备世界先进水平的政产学研创新基地。知识产权的数量和质量技术水平大幅提升，作为知识产权核心的发明专利比重逐步增加。对于产业集群内部的龙头核心企业研发投入比例超过5%。力争在部分领域达到或者接近国际先进水平。

二是进一步完善创新创业环境。加快推进关键环节和重点领域的规制改革，进一步改善和促进创新战略性新兴产业有关的商业模式，发展新业态的市场准入条件，针对投融资机制、财税激励、技术标准、知识产权保护、人才队伍建设等政策显著改善。

三是逐步提升在全球价值链中的分工地位。培育和支持掌握产业核心技术、拥有自主品牌、具备在国际市场进行高层次合作的集群龙头企业。显著提高产业集群中自主品牌、核心技术和主体产品和服务的国际市场份额，在相当多的领域成为世界上具有主要研究开发能力的创意性产品制造中心。

四是进一步提升战略性新兴产业的带动引领作用。战略性新兴产业实现经营规模20%以上的年均增长率，逐步建立一批具有自主研发能力和技术领先地位的重点企业，一批具有鲜明特点的完整价值链和产业集群聚集区。到2020年，力争使战略性新兴产业成为国民经济和社会发展的重要推动力量，增加值占国内生产总值比重达到15%，部分产业和关键技术跻身国际先进水平，节能环保、新一代信息技术、生物、高端装备制造产业成为国民经济支柱产业，新能源、新材料、新能源汽车产业成为国民经济先导产业。

浙江省制造业集群在这轮战略新兴产业的发展大潮中虽然并没有能处于全国的领先水平，但是在相关技术领域获得了长足的进步，特别是在装备制造业方面取得了一定的突破。但是应该看到同其他沿海发达省份相比，浙江省的战略性新兴产业还没有特别的竞争优势，只是在少数领域处于国内领先水平。一般意义上认为，浙江省制造业产业集群的优势还是集中于劳动密集型和中低技术密集型行业，坚持传统行业的高端化发展是浙江省制造业产业集群转型升级的一个重要方向。除了利用好国家政策带来的扶持之外，浙江省产业集群应该更加重视运用充裕的民间资本，将民间财富转换为可以提升浙江省出口产业集群核心竞争力的战略性资源。

3.2.3 微观层面

集群组织结构

产业集群组织结构，是指产业集群内的诸多相关企业与机构为了共同发展而形成的分工与协作的基本框架，是集群内企业与机构的关系组合。目前，国内外对于产业集群组织结构进行专门研究的文献较少，在相关文献中部分学者从外部组织结构和内部组织结构进行了研究，成果比较零散杂乱(吴秋明，陈捷娜，2015)。

产业集群的机构由下列要素构成：核心、基础和支撑要素，以集群内企业的相互状态。其结构又可以概括为树形分支结构、支流汇聚结构、网络型结构、衍生网络及合作网络结构等。浙江省制造业产业集群有其自身的结构特点，它起源于地方块状经济，从起步就带有鲜明的地缘化和人缘化特点，且有较强的市场导向和创新能力。其结构特点可以用“共生性”来概括，其突出特点是整体性、开放性、共进化性和自组织性，如图 3-1 所示。

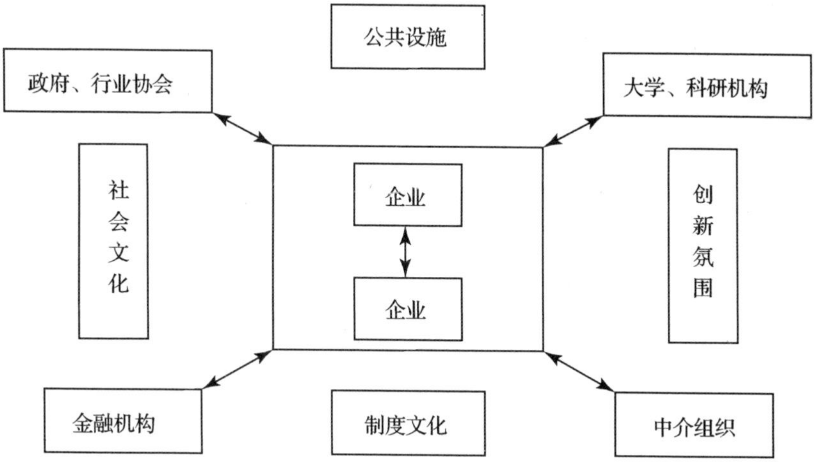

图 3-1 共生性产业集群组织结构模型

集群拥有的资源

其中整体性可以阐释为：产业集群中各个共生单元的共同作用和相互影响实现的能力远远超过其单一个体简单叠加形成的实力总和。开放性可以概括为，产业集群内部通过一系列的活动与外界进行的信息、物质和知识等交流和沟通，不断提升产业集群内部的实力。共进化性，即产业集群内部的共生单元通过自身的互动和交流实现共同学习，以及知识和技术的外溢、融合，从而提升产业集群的竞争能力。自组织性，即产业集群内部的企业存在着竞争和合作的双重关系。适度的竞争有利于保持产业集群整体的活力，合作有助于推进整体实力的提升。图 3-1 中浙江省制造业产业集群的组织结构可以通过该结构图来加以概括。由内而外总共有 3 层组成：其中第一层是核心层，即集群内部企业之间的相互作用；第二层是联系层，是由和集群企业紧密相关的政府、行业协会、大学、科研机构、金融机构和中介机构等形成；第三层是外围层，它是由和集群发展所需的必要外部条件组成，即公共设施、制度文化、社会文化和创新氛围等。

依据现有的产业环境资源理论，可以将产业集群资源分为知识性资源、制度性资源、物质性资源和市场资源（张旭，2013）。具体到浙江省制造业产业集群，可以从以下几个方面进行分析。

知识性资源，对于产业集群来说，集群内部的知识性资源包括显性资源和隐性资源。显性资源包括集群企业的知识产权、管理技术和技术能力等，浙江省制造业产业集群由于起步于块状经济，显性知识性资源方面并没有比较优势，相对于其他东部发达省份还有较大差距。隐性知识性资源包括企业经营中形成的默会知识，在这方面浙江省集群与其他省份相比有一定的优势，这一点特别突出的是企业家精神的集群间外溢效应。

制度性资源，对于由政府推动建设的产业集群来说这一点非常重要，起到重要的支撑作用。但是，浙江省制造业产业集群起步于块状经济，是有民营企业集聚形成的，并没有受到政府政策的过多影响，这一点也促使浙江省集群的发展更符合市场规律、更具有市场活力。需要指出的是，在浙江省提出块状经济向现代化产业集群发展以来，浙江省集群的地位发生了显著变化，需要从战略角度出发，重新审视政府在集群发展中的作用。长期以来，浙江省有关部门还缺乏对于集群发展的功能性投入，特别是对研发能力的提升政府需要发挥其积极作用，以建立研发基金和完善风险投资体系等方面入手加快浙江省产业集群从“制造”向“智造”转变。

物质性资源，可以指基础设施、场地、资金、机器设备等实物资源。当前浙江省制造业产业集群面临的问题是生产设备的相对老化，特别是中国经济进入“新常态”，转型升级成为各省的共识，在这种背景下更要求浙江省集群加快完成物质性资源的改进工作。

市场性资源，该种资源属于集群的软实力，即寻找和把握战略机遇、扩展市场和找寻商机的过程。浙江省集群在这一资源上具有较大的竞争优势，市场化的导向使得浙江省集群具备较好的市场适应力和开拓力。特别是新一轮对外开放战略正在进行，“一带一路”、自贸区等新机遇为浙江省集群提供了更为广阔的市场机会，应该在这一轮竞争中尽快谋划、抢占先机。

3.3 浙江省制造业产业集群存在的问题与面临的挑战

3.3.1 存在的问题

浙江制造业产业集群存在以下问题。

一是要素资源制约日益严重。从硬件条件来看，最为突出的是空间狭小且成本过高。由于可供成片开发利用的土地较少以及土地指标的紧张，一些能助推块状经济转型升级的大企业、大项目、好项目无法落地。同时，原材料、用工、融资成本大幅度上升及用电紧张，由于众多中小企业缺乏定价权，利润空间被大幅压缩。示范区企业受要素数量和质量影响，难以通过要素使用的扩张和改造来实现产业的转型升级，这种现象下可能造成企业外源性获取发展空间，最终结果会造成“产业空心化”。从软件条件来看，主要是人才和科技要素历史积淀不足，一般劳动力过剩和高层次创新人才紧缺的结构性问题仍然十分严重。块状经济内大量企业依靠技术模仿和简单加工而生存，由于较为密集地进行人员和生产之间的往来，且知识产权保护体系尚未完全确立，由此导致对技术自主创新的“挤出效应”。企业创新动力不足，一批带动性强的高技术含量高附加值的好项目外流。

二是处于全球价值链低端；面对浙江省产业结构高级化进程加快，全球经济紧缩，浙江省制造业产业集群面临国际经济增长减速，西方国家非关税壁垒、激烈的国际竞争、政府干预政策和国际贸易保护主义对其的严重冲击。人民币的持续升值，快速挤压浙江省出口导向型产业集群内企业的利润空间，迫使集群内企业关闭、外迁。随着产业集群比较优势的弱化，被动接受国际产业分工，走国际产业低端的模式已进入困境，在新的挑战下，能否实现由内聚到外扩，由被动接受国际分工到主动参与国际分工转变，决定着今后浙江制造业产业集群发展的可持续性，决定着以浙江制造业产业集群为中心的浙江区域国际竞争力的成长。目前浙江制造业产业集群已经进入这一战略转折点上。

三是技术创新能力薄弱。浙江省制造业产业集群大都是民营企业，其发端于民营企业初步聚集产生的块状经济。由于其较低的起步水平和较小的融资规模使得当前浙江省出口产业集群大都集中于劳动密集型和中小技术密集型，集群内部企业普遍缺乏技术研发能力。相应的出口贸易主要依靠廉价劳动力带来的低廉价格。民营企业一方面创新激励不足，另一方面民营企业缺乏足够的研发资金来通过自主研发而获取原创性的技术。当前，浙江省制造业产业集群的现状和问题就在于：创新的动力不足，不想创新；创新的风险太大，不敢创新；创新的能力有限，不会创新；创新融资太难，不能创新（辜胜阻，2007）。近年来，浙江企业虽有些自主创新，但自主创新能力不足，技术引进规模偏小，具有世界先进水平的技术与装备不多。

四是缺乏自有品牌的出口。浙江省出口产业集群集中于劳动密集型和中低技术密集型，出口商品有相当一部分是附加值较低的商品，由于在研发和技术水平上的不足且相关投入不足，产品的异质性程度较低，在国际中高端市场具有竞争力和美誉度的知名品牌很少，据统计出口比例中不到6%的销售额是由名牌产品创造的，远远低于世界平均水平的50%。例如，浙江省纺织服装业出口集群在国际市场的份额上占有重要地位，与出口数量相比，带有自有品牌的出口占比相对较少，贴牌生产的比例甚至超过9成。化纤染色布、袜子、领带等商品的出口均价几乎接近成本，浙江出口的鞋类产品也面临同样的问题，虽然出口量占世界市场的40%，但是由于处于全球价值链的中间环节，在价值链的利润分享机制中没有主动权，相同或相似产品的平均价格只有意大利的1/12，西班牙的1/5，其深层次的原因正是在于“有加工、没设计，有产品、没品牌”的不利情况，形成了出口贫困化增长，数量增加价格下降、交易成本相对上升，效益降低，贸易条件恶化的不利局面。

五是尚未形成集群化发展的区域产业政策导向。尽管全省各地重视产业集群的发展，但是地方产业政策制定过程中，还没有充分领会集群政策的内涵和本质，没有把握全球产业集群发展的最新趋势和动态，尽管各类政策和规划中有涉及集群化发展的引导方向，但没有形成区域产业集群的政策体系，无法整合相关政策资源。

六是政策措施尚不够配套。在推动块状经济向现代产业集群转型升级中，关键性、突破性和系统性政策不完善，导致核心要素和关键资源无法向产业集群集中，下一步重点要在园区建设、要素保障、平台建设扶持、土地指标倾斜、“压小上大”产业政策、信贷资金支持、财政转移支付等政策方面加大力度。

3.3.2 面临的挑战

一是世界经济触底反弹，但是增长前景尚未明确。2014 年以来，世界经济继续温和复苏，但各经济体复苏进度明显分化。发达经济体中，美国经济逐步回归稳定增长轨道，英国经济增速加快，欧元区经济持续低迷、通缩压力凸显，日本经济大幅波动、自主增长动力不足。新兴经济体受外部环境不利、自身经济结构调整的双重影响，经济延续 2013 年下半年以来的中低速增长态势。地缘政治危机和突发事件对一些国家经济增长造成严重干扰，特别是乌克兰危机和中东局势动荡不仅影响区域内国家经济稳定发展，还一度对全球金融市场和商品价格形成冲击，埃博拉疫情阻碍部分西非国家经济复苏。国际货币基金组织(IMF)初步统计，2014 年世界经济将增长 3.3%，增速与 2013 年持平。其中，发达经济体增长 1.8%，增速较 2013 年高 0.4 个百分点；新兴市场和发展中国家增长 4.4%，较 2013 年低 0.3 个百分点。IMF 还预计 2015 年世界经济增长率将超过 3.8%。总体来看，国际市场面临需求回暖、景气指数上升的局面，这将有利于实现浙江省制造业产业集群实现发展壮大和在此基础之上的转型升级。

二是浙江省企业用工成本持续提升，使得产业集群内部用工情况相对紧张。特别是在生产一线的熟练劳动力供不应求、长期短缺，部分中西部员工开始出现回乡的情况。另外一类棘手的问题是高素质劳动力“找不到、留不住”现象十分明显，企业技术创新的主体就是拥有一批高素质、高技能的劳动力，但是浙江省产业集群缺乏提供给这些高素质劳动力施展平台的物质基础，因而在人才竞争中处于劣势。如何控制用工成本，提升产业集群内部员工的整体素质是实现向现代化产业集群转变的重要课题。

三是面临的国际化经营风险逐步增加。虽然浙江省拥有为数众多的产业集群，其发展规模在国内也算较大，但是具体到集群内部的企业则大都是以中小企业为主，集群的龙头企业还不多、还不强，引领和带动能力十分有限。2008年“金融危机”以来，国际化经营的风险显著提升，外国的投资环境也大不如前，一方面提供给浙江省出口产业集群深入国际化，进行海外直接投资的大好时机，另一方面也使得国外企业出现大幅亏损和资金链断裂的不利局面，这极大增长了浙江省出口企业的国际经营风险。不仅如此，由于浙江省产业集群发展的特殊性，集群内部亲缘化和地缘化现象十分明显，海外经营所需的资金担保机制大部分是有这种民间机制完成的，因而增加了企业的经营风险，限制了企业深入国际化的可能性。

四是国际市场贸易摩擦形式变化较大，浙江省制造业产业集群面临多重挑战。由于浙江省出口产业集群早期发展水平较低，最早集中于加工贸易生产方式，因此较少受到来自国外的贸易制裁措施。随着浙江省制造业产业集群的不断发展，一般贸易数量逐步增加，特别是2008年以来进一步加强了对外直接投资的步伐。但是伴随这些深入国际化举措的是国外贸易保护主义和不公正国民待遇的逐步升温。国外市场综合使用汇率变动、环境保护、劳工标准、社会责任以及经济管理模式等深层次、体制问题来限制浙江省制造业产业集群走出去的步伐。

比如说2009年2月17日，美国总统奥巴马签署通过了总价值为7870亿美元的政府财政刺激计划中含有一项限制性条款，即只允许采购由美国国内生产的产品，这一举措使得美国的贸易伙伴大为紧张，新一轮的贸易战争可能就此打响。美国是浙江省的主要出口地，这一措施无疑会对浙江省出口产业集群的国际化产生不利影响。浙江省制造业产业集群面临着受到“反倾销、反补贴”等多项诉讼的可能性，一方面要正确对待同贸易伙伴的贸易纠纷，更加熟练地掌握国际贸易相关规则，不惧怕国外的贸易制裁措施。另一方面也要转换观念，在这一不利局面的背景下进一步强化转型升级，提升产品质量和品牌知名度，增强产业集群抵抗贸易纠纷的能力。

第4章 浙江制造业产业集群国际化机制与动力研究

浙江制造业产业集群进行集群国际化的模式与路径与集群本身发展的阶段有一定相关性，但具体要根据产业集群嵌入全球价值链而实现国际化发展的具体方式而定，即取决于市场国际化、生产要素配置国际化与中介组织国际化等方式。本研究主要通过模式创新机制、产业链延伸机制、内部合作竞争机制、政策激励机制等来分析浙江制造业产业集群进行集群国际化的实现机制；从政策环境因素、区位资源因素、经济产业因素和集群组织因素等来分析其集群国际化的动力。

4.1 浙江省总体发展阶段研究

这部分从宏观环境出发，分析浙江省目前所处的经济发展阶段。其主要目的在于通过经济发展阶段的判断，可以进一步明确当前浙江省制造业产业集群所具备的动态比较优势和面临的国际化动力转变。

4.1.1 处于工业化后期，正向高收入经济体发展

2013年浙江省实现生产总值37568.49亿元，人均生产总值为68462元，按2013年平均汇率折算11054美元。根据世界银行2013年修订的人均国民收入标准，浙江省已经进入到中等收入水平(4086－12615美元)的后期，接近高收入水平的标准。根据世界银行公布的购买力平价，2013年浙江省人均生产总值68462元相当于1970年的3340美元，参照钱纳里的经济发展阶段理论，处于工业化发达期(2100－3360美元)向发达经济(3600－5040美元)过渡中，如表4-1所示。2015年，浙江省人均GDP，如果

以7%的年均增长率计算,2016年将达到12817美元,成为高收入经济体。在2014年底浙江省人均GDP就已超过3360美元(1970年价格),成为发达经济体。

"十三五"是浙江省从工业化后期向后工业化发展的关键时期,这一时期也是从中等收入水平向高收入水平演进的重要阶段。

表4-1 钱纳里工业化发展阶段划分[①](单位:美元/人)

收入水平	全部时期	阶段	阶段划分
140—280	1	第一阶段	初级产品生产
280—560	2	第二阶段	工业化初期
560—1120	3		工业化中期
1120—2100	4		工业化成熟期
2100—3360	5		工业化发达期
3360—5040	6	第三阶段	发达经济

与主要发达经济体横向比较来看,根据购买力平价水平,浙江省2013年的人均GDP与1978年的美国、1981年的日本、1986年英国等相当,如表4-2所示,说明工业化进程落后于发达国家30年左右。但从历史维度来看,相比于发达国家的上百年工业化历程,"中国速度"和"浙江速度"的成就是令人瞩目的。

表4-2 主要发达经济体与2013年浙江省人均GDP相当的年份[②]

经济体	美国	日本	英国	法国	德国	新加坡	韩国	香港
年份	1978	1981	1986	1979	1986	1989	1995	1988

4.1.2 要素驱动型增长式微,迫切需要转换增长动力

和全国大多数省区相似,浙江省前20多年(1990—2013年)的高速发展是以大量投入资本和劳动力等生产要素作为保证的。浙江省近20年的

① 采用1970年美元作为参照标准。

② 以上数据均根据2013年世界银行公布的购买力平价折算所得。

发展中，固定资产增加值对经济增长的贡献率超过 80%。[①] 如图 4-1 所示，同为长三角省份的浙江省和江苏省固定资产年均增长率均保持 10%以上（1991 年除外）。特别是 2003 年以来，固定资产年均增长率都明显超过经济增长率。综合以上两点，课题研究组研判浙江省目前仍处于要素（特别是投资）驱动型增长阶段。

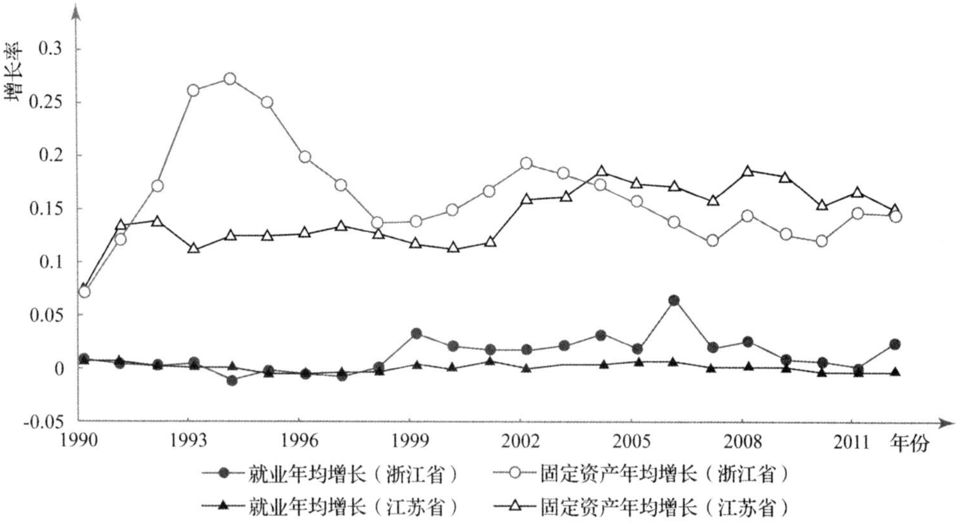

图 4-1 浙江和江苏要素增长率对比（1991—2013 年）

但是根据边际生产率递减规律，资本要素的边际贡献会出现先增长后减弱的规律。本研究比较了浙江省和江苏省 1990—2013 年资本边际生产率变动情况[②]，如图 4-2 所示，浙江省 1990—1993 年资本边际生产率处于上升区间，从 1994—2013 年资本边际生产率逐年下降。2013 年浙江省的资本边际生产率为0.18，即 1 单位资本投入，仅带来0.18单位的经济增长。江苏省的趋势和浙江相似，1995 年达到极值后开始下降，至 2013 年降为 0.34。总体来看，江苏省的资本边际生产率下降较浙江省缓慢，这说明浙江省投资驱动型、粗放式发展模式更为明显。

① 结果为课题组计算。可通过生产函数法得到浙江省各年的要素增加值对经济增长贡献率。

② 结果为课题组计算所得。

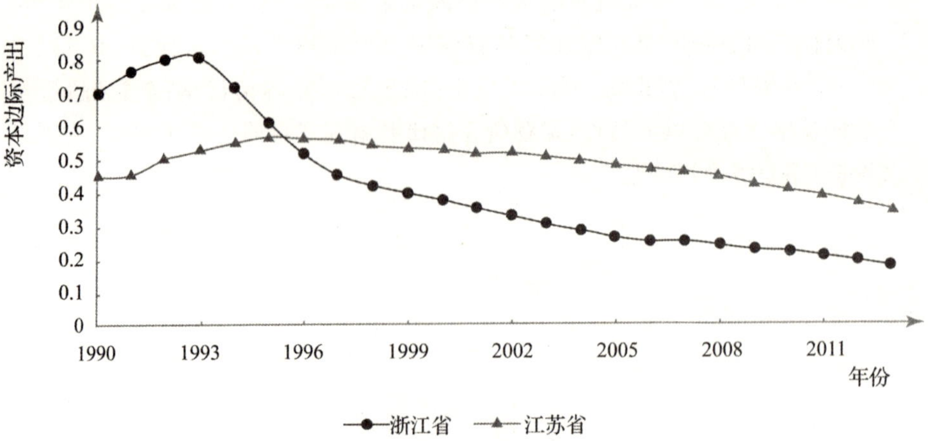

图 4-2　浙江和江苏资本边际产出对比图(1990—2013 年)

浙江省 2013 年经济增长中,资本增长贡献率为 70%,劳动为 6%,全要素生产率增长贡献率提升至 24%。这说明浙江省有从要素驱动型转向创新驱动型增长的趋势。但是相比于发达国家全要素生产率贡献 40%以上的水平还有较大差距。同一时期,江苏省的全要素生产率增长情况显著好于浙江省,特别是 2005 年以来,江苏省每年全要素生产率增长均超过浙江 2 个百分点,2008－2012 年则超过 4 个百分点。这说明,在创新驱动型经济增长模式转换中,浙江省已经落后于江苏省的发展水平。如图 4-3 所示。

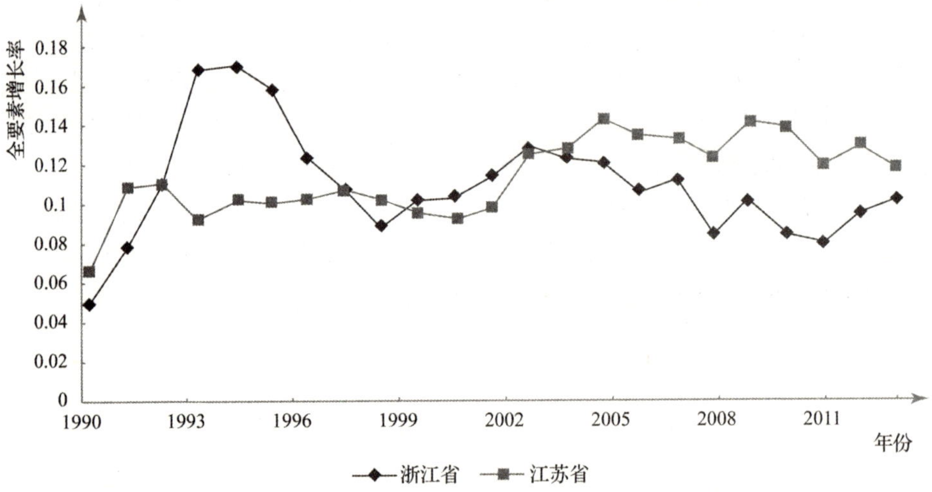

图 4-3　浙江和江苏全要素生产率增长对比图(1991—2013 年)

本研究还从创新要素出发，比较了近5年(2009—2013年)浙江省和江苏省在研发经费比重、科技活动人员、新产品产值、发明专利数等方面的情况。数据显示，2009—2013年浙江省的整体创新要素指标均低于江苏省，特别是科技活动人员相差较大，浙江省所占比例从49.6%降至45.8%。这说明，浙江省在人力资本上处于明显劣势。

这部分结论是：目前，浙江省要素驱动型增长模式渐趋式微，投资的经济增长效应减弱。创新驱动型增长初见曙光，但发展水平和发展力度与发达省份(江苏省)相比有一定差距。

4.1.3 处于产业结构升级期，亟须二、三产业联动发展

如图4-4所示，从浙江省产业结构发展来看，可发现两大趋势：一是工业和投资所带动的第二产业所占比例正逐步减低；二是服务经济和科技创新所带动的第三产业正加速发展。特别是2009年以来，第二产业比重明显下降。截至2013年，第二、第三产业份额仅相差3个百分点。这说明浙江省目前正处于发展阶段转换和产业结构升级过程中。

根据西方发达国家的经验，进入工业化后期时，产业结构会发生转换。美国经济在20世纪70年代第二产业比重开始下降，80年代初第三产业超过第二产业成为主导产业。[①] 浙江省可能正在经历类似的第二产业下降过程。

在这样背景下，浙江省经济社会要保持平稳、健康发展，就必须加快转变发展方式、加快转型发展、加快产业结构调整，从原先的第二产业为主转向第二、三产业联动式发展的产业结构转变。预期在“十三五”时期，第三产业比重将会超过第二产业，服务经济将成为浙江省经济发展的主战场。但这并非表示着浙江省未来不发展第二产业，而是要依托科技和创新来发展工业、依托服务优势来培育和提升品牌、依托金融资源来加快产业整合，大力发展智慧经济和战略性新兴产业。因此，“十三五”是浙江产业转型的关键时期，浙江正在进入以工业高端化、经济智慧化、服务业增长，亟须依靠科技创新和知识竞争力为特征的产业转型升级阶段。如图4-4所示。

① 根据上文的论述，按照人均生产总值指标，浙江省的发展阶段与20世纪70年代末的美国相似(1978年)。

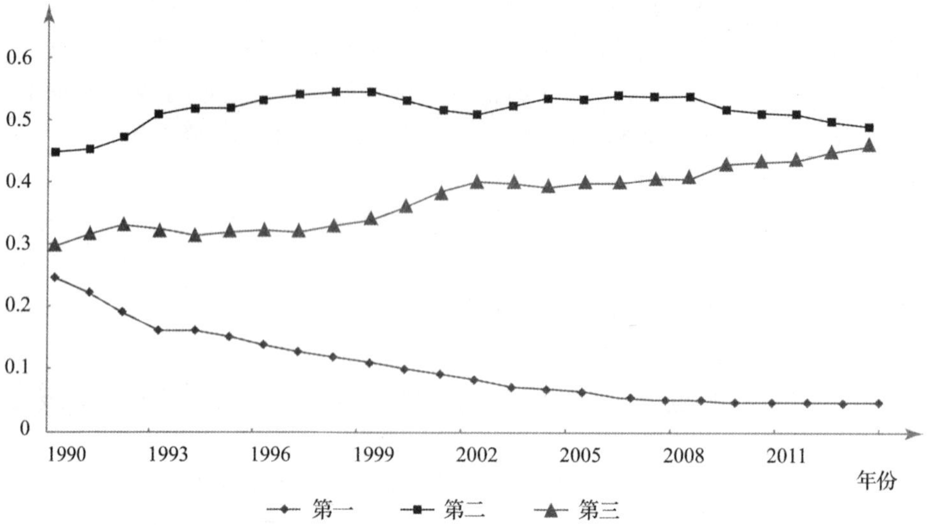

图 4-4 浙江省产业结构图(1990—2013 年)

4.2 浙江制造业产业集群国际化机制探究

4.2.1 模式创新机制

发展模式是一个地方或者一个集群的基本战略选择,发展模式从深层次决定了该地方或者该集群的产业发展模式和竞争水平,因而对该地方或者该集群的国际化发展具有较为深远的影响。

内源式发展向外源式推进转变

如果比较沿海各省份自改革开放以来的发展历程可知,浙江省与其他省份相比更加重视民营企业的发展,通过民营企业自发的发展与壮大来提升经济发展水平。这其中的经济逻辑是:民营企业最为贴近市场,最能感受到市场中的潜在需求,通过技术引进和模仿创新来满足消费者的需求。其好处在于充分挖掘现有市场需求不足,敢为人先,率先发展,取得前期的垄断收益,进而不断积累产业壮大所需的资金。其不足之处在于其大都从眼前利益出发，不具有较长的“时间偏好”，因此在自主创新和提升产品质量上没有特别强的动力。事实上，早期民营企业的发展大都是沿着“搜寻—模仿—市场—竞争—衰落”这样的路径发展的。企业家精神支撑着这种市场空缺的搜寻，这样的发展路径结果是形成了浙江省数以百计的各种块状经济，极大地提升了浙江省人均收入水平。2014 年浙江省城镇居民人均收入达 40393 元，排名全国前三位。

2014 年最为流行的经济词汇是“新常态”，中国经济面临着降速换挡的新常态。在这种客观现实的背景下政府进一步强调创新驱动和市场获取的重要性，在这两方面浙江省还存在不少的问题，特别是创新驱动经济发展。创新对企业来说是“双刃剑”，它一方面可能带来潜在的巨大收益，另一方面会增加企业的成本，因此“倒逼机制”可能更会激励企业进行创新。浙江省制造业产业集群正是需要通过深入的国际化来倒逼产业集群向创新集群转变，进一步提升集群内部企业的创新意识和创新动力。将浙江省以立足本土需求为主的民营企业发展为具有世界眼光、积极开拓海外市场的现代化企业。

单纯出口向深层次对外开放转变

同大多数中国企业的情况相似，浙江省产业集群的国际化大都仅仅限于出口，而在这些出口当中还包含了相当数量的加工贸易出口。这种局面的产生主要是同我国“出口创汇”和“增进外需”的政策息息相关的。其主要依托是浙江省相对低廉的劳动力成本和较为完整的工业配套设施，具备以低廉的价格向国际市场提供大量产品的能力。政府的出口退税政策，进一步刺激了数量众多的浙江省制造业产业集群对外出口，已获得更多的税收优惠和市场需求。但是单纯的出口一方面无法深入了解国外市场，进一步接受国外先进技术和管理经验的溢出。另一方面，浙江省原来所依托的劳动力成本比较优势是不可持续的，早有经济学家提出中国已经跨过“刘易斯拐点”，人口红利正在远离中国。因此，需要进一步扩展浙江省产业集群国际化的形式，提升国际化的水平。

自 2008 年国际“金融危机”以来，欧美市场面临着严重的挑战，部分具有雄厚实力的跨国公司也出现了亏损和破产的风险。此时也是中国企业海外投资的元年，除了国有企业的海外投资以外，众多民营企业，特别是浙江省的民营企业开始走出国门，进入国际市场。这其中具有代表性的是 2010 年浙江省的吉利控股集团完成对沃尔沃汽车的收购，这宗超过 15 亿美元的收购案也标志着浙江省民营企业具备了相当实力的海外投资能力。浙江省产业集群由于常年的出口，积累了一定的海外市场运营经验，与其他企业相比具备更强的海外市场拓展能力。以浙江省乐清电器产业集群为例，该集群最早集中于低压电器的生产制造，后来陆续向中低压、中高压、高压发展，形成了较为完整的电器产业链。2012 年，乐清规模以上工业电气行业实现产值 624.17 亿元，占全市工业总产值的 58.81%，其核心产品低压电器多年来一直占全国市场份额的 60%以上，是名副其实的“中国电器之都”。该产业集群仍以立足本土为主，出口为辅。为了进一步提升集群的技术和研发水平，集群内部的核心企业均展开了技术合作。2006 年，施耐德和德力西合资建立德力西电气有限公司。合作引入了施耐德的生产组织方式、人员管理方式、销售方式等，大大提高了生产效率。

除了对外投资和技术合作之外，有条件的制造业产业集群还应该积极寻求在海外建设研发中心和营销中心，以更为主动的方式参与国际市场竞争从而获取更多的竞争优势。长期以来，浙江省制造业产业集群大都重视产品的生产而忽略对其质量和认知度的打造。事实上，占据国际市场的秘诀不仅仅在于拥有较低的价格，而更多的是过硬的产品质量和品牌认知度。

块状经济向现代化产业集群转型

浙江省是民营企业大省，宽松的市场环境、相对较少的国有企业和良好的企业家精神为浙江省注入了发展民营企业的巨大动力。在其发展过程中，相近的地理区域内形成了各种类似的产品制造企业，其形成一方面来自相邻企业的溢出，另一方面来自规模经济带来的相对较低的成本。块状经济的产生极大地促进了浙江省经济，特别是县域经济的发展，使浙江省在人均收入水平上领先于其他省份。

块状经济是经济体内部自发形成的，但是存在着较大的局限性。一是，块状经济通常没有价值链分工，其存在的基础是大量产品生产可以降低成本，获取规模经济优势。但是，在块状经济发展到一定水平后就会出现企业众多、产品类似、过度竞争的问题，使得块状经济成为一种“零和博弈”，不利于集群内部企业的良性发展。二是，块状经济通常是通过较好的市场开拓能力发现并扩展产品市场，而并不重视对产品质量和技术水平的提升。这方面的例子俯拾即是，比如说义乌小商品市场，虽然其具有较好的市场扩展能力，但是同国外相似的小商品制造企业相比产品质量和技术水平均相对较低，低廉的成本支撑了其发展，但是却难以形成持续发展的内生动力。打破块状经济藩篱的有效手段是形成少数具有影响力的集群龙头企业和为该企业作为配套的上下游企业。只有当企业的规模扩大，产品销售利润提升时，为了进一步扩大再生产、提升利润水平，企业才会具有较强的动力进行创新、研发。上下游的配套，一方面会实现“互利多赢”，另一方面会增进集群龙头企业的竞争力。

现代化产业集群在上述基础上更加强调集群内部的学习能力和研发能力。集群内部虽然会面临同类型企业的竞争，但是为应对激烈的外部挑战，现代化产业集群内部企业会形成各种层次的战略联盟，以此来形成集群发展的核心竞争力。例如，龙头企业之间可以共建研发中心，实现价值链合作，利用各公司不同的优势获取更强大的外部竞争能力。在重视知识产权保护的基础上，要强化集群内部企业的学习和溢出能力，以大带小。同时，应积极寻求同高校和科研机构合作，搭建协同创新平台，实现核心技术的获取。

由传统贸易方式向“互联网＋”模式转变

李克强总理在十二届全国人大三次会议上首次提出“互联网＋”行动计划，鲜明地指出“互联网＋”实际上是“创新 2.0”下互联网发展新形态、新业态，是知识社会“创新 2.0”推动下的互联网形态演进。可以说，“互联网＋”产业形态是两化深度融合的体现，是引导未来经济社会发展的重要力量，也是中国以及浙江未来产业集群体系发展的必然趋势。浙江省制造业产业集群在“互联网＋”模式的转变上具有先天优势。一是产业基础雄厚，浙江省现有全国最大的电子商务平台企业阿里巴巴，旗下电子商务业务包含了B2B、B2C、C2C、O2O 等模式，特别是在第三方支付平台建设上处于全国前列，形成了闭环式发展的电子商务旗舰企业。二是政策优势明显，2015 年 3 月 7 日，国务院批复设立中国(杭州)跨境电子商务综合试验区(以下简称综合试验区)。批复明确提出，要以深化改革、扩大开放为动力，着力在跨境电子商务交易、支付、物流、通关、退税、结汇等各环节的技术标准、业务流程、监管模式和信息化建设等方面先行先试，通过制度创新、管理创新、服务创新和协同发展，破解跨境电子商务发展中的深层次矛盾和体制性难题，打造跨境电子商务完整的产业链和生态链，逐步形成一套适应和引领全球跨境电子商务发展的管理制度和规则，为推动我国跨境电子商务的发展提供可复制、可推广的经验。这就让杭州市乃至整个浙江省站在了发展跨境电子商务的政策高地，具备了转型的先发优势。

4.2.2 全球价值链治理机制

不断提升我国产业分工的全球价值链地位是增强我国产业竞争力的必由之路。浙江省制造业产业集群的国际化从很大层面上就是集群为提升全球价值链治理水平而外部化的表现。

由加工贸易转向一般贸易

加工贸易是我国对外出口中占比较大的贸易方式，主要可以分为进料加工和来料加工。进料加工，是指进口料件由经营企业付汇进口，制成品由经营企业外销出口的出口方式。来料加工是指进口料件由国外发包商提供、经营企业不需要付汇进口原材料，按照国外发包商的相应需求进行加工或者装配，仅仅收取加工费用，制成品由国外企业负责营销的出口方式。这种贸易方式特别适合我国在未能实现核心竞争力的前提下进行出口的现实需求，在一定的历史阶段确实发挥了重要的建设性作用。

但是，学术界的大量研究表明，加工贸易企业生产率低下(戴觅，余淼杰等，2014)，由于我国的出口退税政策使得部分较低生产率的企业通过加工贸易维持生存，一定程度上造成了我国出口企业的“生产率悖论”问题。由于加工贸易的特殊性，无论是进料加工还是来料加工相对于一般贸易而言都没有独立的销售网络，而是更多地接受国外发包商的订单，这就使得该种贸易方式的出口十分脆弱。2008 年“金融危机”以来发达国家的订单数大幅下降，对该种贸易方式的企业造成了较大冲击。一般贸易企业享有更大的经营自主权，特别是在国外市场的选择方面，因而生存能力更强。由于企业自主经营、甚至拥有自有品牌，从事一般贸易的企业更有动力进行产品创新和技术研发。在具备相当的实力基础上，浙江省制造业产业集群应该向价值链的高端迈进，更多地转向一般贸易出口，进而不断提升出口的效益和所带来的技术溢出效果。

由生产加工为主转向品牌建设

品牌是市场营销学中的重要概念。在激烈的市场竞争中品牌无疑是企业有无核心竞争力的重要标志。从经济学的角度出发，品牌决定于信息不对称。在市场中存在了大量相似的商品，消费者需要将这些商品区分开来，最优化自身的购买行为，最简单易行的方法就是通过品牌。在高端消费市场，企业通过不断地研发和营销手段来实现品牌价值，从而获取垄断利润。

很多情况下，相同质量的商品因为有无品牌，或者品牌知名度情况，价格会有天壤之别。

浙江省产业集群产品长期定位于“低成本、低质量、低价格”，近乎无品牌或者贴牌的生产加工方式使得该类集群的出口效益极其低下。以安吉椅业产业集群为例，该集群是极具地方特色的产业集群，是全国最大的办公椅生产基地。截至2010年年底，安吉椅业销售收入达到218亿元，自营出口额达到11亿美元，拥有中国驰名商标、省著名商标、省名牌产品22个，上缴税收39211万元，新增城镇就业人口1.4万人，荣获“浙江省产业集群示范区”“中国椅业之乡”“浙江区域名牌”“浙江省出口基地”和“浙江省椅业专业商标品牌基地”等多项称号。该集群的产品主要是以外销为主，但是长期以来忽视自有品牌的建设，在国外市场的生存能力相对较弱，2008年“金融危机”以来面临订单减少、需求不足等问题。受此影响安吉开始着手集体品牌的构建，目标是在国内外形成安吉椅业的品牌认知度和美誉度，提升其国际市场的竞争能力。下一步，还应该鼓励有能力的企业建立自有品牌并加强市场营销，建立自有品牌的国际销售网络和营销中心。

由模仿创新向自主创新演变

根据全球价值链相关理论，研发位于价值链的最上游，是利润相对丰厚的环节，世界知名的跨国公司大都将研发视为企业不断发展的核心竞争力，并不惜巨资来打造自身的研发网络和研发体系以获取竞争优势。长期以来，发达国家占据了科技前沿，其产品性能和质量也处于领先地位，浙江省产业集群大都是以模仿为主，结合中国的本土化需求进行适当的模仿创新即可投入市场。这些产品对内处于领先地位，可以满足国内的先发性需求；对外具有较强的成本优势，价格低廉，在中低端市场可以站稳脚跟。但是这两点经营模式的基础正受到空前的撼动，首先国内市场的产品无论是质量还是种类都取得了长足的进步，单纯的模仿创新已经很难取得国内市场的领先地位。另一方面，浙江省的劳动力成本位居国内前列，同主要发展中国家相比亦无明显优势。依靠劳动力成本优势谋求价格取胜的竞争模式越来越不符合浙江省现有的发展实际。

波特的“钻石模型”指出某一行业的竞争优势由以下6点构成：生产要素、需求状况、相关产业、企业策略、政府行为和机遇。依托现有产业基础，通过自主研发的创新型产业集群已经成为浙江省制造业产业集群国际化的重要选项。如果说浙江省产业集群原来以产品取胜，以后将更多地依靠研发取胜。通过自主研发，集群可以获得前期的垄断收益，并在国际市场树立良好的形象和不可替代性。当然，这种自主研发绝不是某个企业闭门造车就可以实现的。从发达国家的经验来看，自主创新需要一系列良好的内部和外部因素共同实现。首先是具有大量具有企业家精神的现代企业、具备研发能力的高校和科研单位、良好的知识产权保护体系、政策的大力支持。上述因素就如同迈克尔·波特的"钻石模型"一般形成一个层状的网络，共同影响着创新型集群的发展。

4.2.3 内部合作竞争机制

产业集群内部的合作竞争是集群内部企业为了实现自身利润最大化的自发性选择。为了进一步提升内部合作竞争的水平，实现企业自身实力的进一步增强，国际化将会发挥重要作用。

强化产业集群内部产品竞争

根据经济学理论，市场的竞争程度一方面取决于市场结构，另一方面取决于市场规模。由单一的国内市场进入到广阔的国际市场企业面临的市场竞争强度将会增大（Melitz，Ottaviano，2008），为了更好地适应国际市场的竞争，集群内部企业会展开更为激烈的产品竞争。

在很大意义上，竞争的强化对制造业产业集群是有益的。其一在于，通过残酷的竞争淘汰生产率低下的落后企业进而提升集群整体的生产率水平和竞争力；其二在于，产品竞争可以极大地提升集群内部产品种类和质量，获取竞争优势；其三在于，在产品竞争中优胜的企业可以通过扩大规模、市场营销等手段进一步提升自身的竞争能力、品牌形象，甚至并购集群中其他中小企业形成富有竞争力的大型企业和合资公司。为获得集群内部产品竞争的比较优势，集群内部企业还会进一步提升国际化水平，通过跨国技术合作、对外直接投资等形式获取战略性资源。如果加以正确的引导，避免不正当竞争，国际化引致的产业集群内部产品质量竞争就能够成为集群发展壮大的重要推力。

增进产业集群内部职能分工水平

形成富有条理的、系统性的职能分工和产业配套是现代化产业集群的重要标志。发达国家的经验表明产业集群的发展会带来上下游产业的不断集聚。原有的产品竞争模式将会被价值链合作模式所取代，形成集群内部

“合作多赢”的全新局面。国际化一方面增强集群龙头企业的实力,龙头企业将会更多地将资源投向价值链中附加值最高的研发和销售环节,实现较高的效益水平。而剩余的价值链环节将会被其他中小企业所填补,中小企业的配套生产也是龙头企业聚焦核心领域的重要保障和基本前提。例如,世界闻名的丰田公司就是依靠着产业集群内部数以万计的中小型企业的配套和对上下游产业的价值链治理获取了竞争优势,从而在国际汽车市场占据重要一席。

产业集群的国际化会强化核心企业对其产品精细化水平的要求,进而促进分工的深化,促使一系列为集群核心企业提供中间产品配套的中小企业产生。分工水平的不断提升本身就能带来产业集群生产效率的提升和竞争力的增强。

促进产业集群内部战略联盟的构建

面临激烈的国际化竞争,集群内部可能会形成不止一个龙头企业,数个龙头企业之间为了实现利润最大化也可能会展开合作,形成集群内部的战略联盟。该种联盟是以集群内部的龙头企业为核心,产业链的上下游中小企业为主体的,通过集群内部的资源整合和溢出可以实现整体大于局部的合作效果。当然集群是没有边界的,如果放宽视野,集群不仅仅包括企业,还包括高校、研究机构、政府等参与主体。诞生了众多创新型互联网企业的美国硅谷就是这种战略联盟的成功案例。背靠全美知名的高等学府——斯坦福大学,硅谷具有了重要的科研基础和研发潜力。宽松的市场环境为新兴的信息技术发展提供良好的基础。而硅谷内部企业的战略联盟则为众多杰出企业的诞生提供了潜在条件。特别是集群内部的风险投资体系建立,通过核心企业投资中小型创新企业的方式可以最大程度地保障中小企业的创新积极性,将会有更多的创造性想法和技术产业化,从而实现其产业价值和带来盈利。

战略联盟的构建也是产业集群合作的高级层次,随着浙江省制造业产业集群国际化的水平不断提升,为了应对激烈的国际市场竞争,为了进一步提升核心企业的竞争实力,为了维持和增进集群内部的创新活力,构建战略联盟,以联盟的形式参与国际化竞争就会成为一个集群共同的“纳什均衡”选择而被采用。其实现也会促进产业集群的现代化进程。

加强产业集群内部组织学习能力

企业围绕自己的日常活动和企业文化,构建知识体系、补充知识技能以及组织例行公事的一种方式；组织通过广泛运用员工所掌握的各项技能，从而发展组织效能的一种方式(Chris Argyris,1978)。现有研究表明组织学习包括单循环学习、双循环学习、第二次学习和行动学习。其中单循环学习属于较为基础的阶段，目前浙江省制造业产业集群大都还处于这一阶段，表现为“适应性学习”和“复制式学习”，具体表现为简单学习集群内外标杆企业的运行模式和经营策略。要从战略角度出发深入进行双循环学习和第二次学习，将学习过程和企业经营创新和市场开拓相结合，真正实现学习型产业集群，获得不断创新、不断升级的核心竞争力。行动学习是组织学习的较高境界，即经济学意义上的“干中学”，具体表现为：学习知识、体验经验、团队学习和探索性地解决问题。

强化产业集群的组织学习能力要从以下几个方面着手：一是强化组织结构和企业结构建设，建立扁平化适宜学习创新的结构有利于释放巨大的学习积极性；二是提升企业家培训的层次，将原有的生产型企业家转变为具有创新眼光和时代精神的新型企业家，这将从顶层出发改善集群的组织学习能力；三是建立员工激励计划，对善于学习创新、富于探索精神的员工应予以奖励，从组织内部焕发出学习和创新的积极性。

4.2.4 外部战略资源获取机制

浙江省制造业产业集群的国际化将会提升外部战略资源的获取，从而实现集群内部企业竞争能力的跨越式提升和生产能力的加快发展。对内实现国内领先的竞争实力，对外提升集群整体的形象和品牌认知度。

加强外部人力资源获取

经济增长理论指出，人力资本的积累是推动经济增长的根本动力。如果从微观视角出发，一个企业希望通过研发和科技创新来提升生产率水平和产品质量，也必需一定数量的人力资本积累作为前提条件。对于企业来说所需要的人力资源大致可以分为管理人才、技术人才、研发人才等。通过制造业产业集群的国际化可以深入国际市场，在更为广阔的市场上搜寻企业发展所需的人力资源。

企业可以通过对外直接投资取得国外公司的部分控制权，进而间接地占有原企业的人力资源，为本企业所用。企业也可以通过技术合作的方式，在海外设立研发中心，以此作为配置海外高级人力资本的平台。具备一定实力的企业,甚至可以直接聘用海外人才进入企业团队,提升企业的人力资本存量。因为制造业产业集群长期从事海外市场业务,善于把握国际市场的运行规律,也相对易于整合海外市场的人力资源,构建符合国际化人才队伍的企业文化环境。

接受外部先进技术溢出

改革开放以来,中国之所以能取得如此巨大的成就,是因为积极地向发达国家学习,特别是学习它们的先进技术。只有充分接收到来自技术前沿的信息,才能紧紧抓住企业生存和发展的生命线。浙江省制造业产业集群的现状是:劳动密集型为主,技术含量不高,立足本土发展。这种内源式的发展路径已经越来越不适合当前的发展形势,特别是在国家提出创新驱动的大背景下。

鼓励和引导制造业产业集群国际化,特别是更为深入的国际化,就是希望通过深入国际化来接近世界技术前沿,通过一种国际化倒逼技术创新的方式打破当前浙江省不利于实现创新驱动的现状。事实上,国际经济学理论中就有关于“出口中学”效应的刻画,但是长期以来的实证研究发现中国企业普遍缺乏这种效应,即出口并不能显著提升企业的生产率水平。这一方面是因为大量的加工贸易并非是企业自身利润最大化的决策,而是发包商订单是交易的结果;另一方面也是因为大部分企业仅仅从事出口,未能更加深入地进行国际化以充分接受东道国的技术溢出效应所致。

具体的形式当然可以是“绿地投资”直接在东道国组建子公司,并通过本土化经营的方式充分使用当地的人才、技术和机器设备组织生产,并可通过技术许可的方式使用国外的先进技术。也可以通过“协同创新”的方式联合开发某项技术或者产品,这样可以减少直接投资带来的风险。

获取国内稀缺要素资源

这主要是指国外的自然资源,虽然我国物产丰富,但是人口众多,人均占有量不高,从国外进口自然资源是有关产业不断发展的基本保障。以安吉竹产业为例,其毛竹林的整体生产运营水平居全国领先地位,毛竹已经广泛运用现代化培育技术。但是由于需求的急剧增加,安吉一地的毛竹生产量已经达到了最大限度。在没有更为先进的种植技术之前,安吉的竹资源将面临枯竭的威胁,增产增效的空间也日渐缩小,竹资源培育的效益将难以提高。如果仍然沿袭原有经营理念,资源培育的优势将逐渐丧失。南方及中西部地区林地广阔,水热条件好,竹子生长快(特别是丛生竹),增产潜力大，竹资源培育水平超越安吉只是时间问题。劳动力成本的逐年上升，加上安吉竹产业的快速发展，使得安吉竹加工企业的大量原竹的外部依赖性较强。

破解上述问题的一条捷径就是对国外毛竹产量较大的国家进行直接投资，控制其毛竹生产已获得国内竹产业生产的基本物质资料。随着浙江省制造业产业集群国际化程度的加深，市场的不断开拓，国内资源将会面临严重的不足，走出去控制国外的自然资源成为各产业集群延续生产、不断发展的必然要求。这种方式的国际化合作，一方面可以增加东道国的就业和税收，另一方面可以缓解集群内的资源紧张状态，实现互利多赢的结果，容易被各方所接受。

把握国外市场需求新动向

新一轮的国家外贸转型要求建立开放型经济新模式，即“对外开放2.0”，其实质就是要变被动为主动，掌握国际市场的话语权。国家已经从战略角度出发提出了“一带一路”，建立双边和多边自由贸易区，这些国家战略延伸了我国的国外市场，并在新一轮的对外开放占据了主动权。浙江省产业集群要从国家战略中寻找相应的新市场、新需求，通过战略性地“走出去”，获得较强的“大国大市场”优势，弥补国内经济增长放缓所引致的需求不足。另一方面通过对接国家战略也可以实现产业的转型升级和业务流程再造。

4.2.5 政策激励机制

新一轮对外开放的客观要求

后危机时代以来，世界各国都在谋划新一轮对外开放和区域一体化。中国政府从战略角度出发积极参与协商与建设区域全面经济伙伴关系（Regional Comprehensive Economic Partnership，RCEP）。在国内推进自贸区建设，目前已设立了上海、广东、天津、福建自由贸易试验区。新一轮的对外开放表明，中国需要进一步提升“走出去”和“引进来”的水平。浙江省制造业产业集群也需要通过加快走出去的步伐和深度来倒逼自身的转型升级，提升产业集群的现代化能级。

“互联网＋”背景下的内生选择

“互联网＋”将会使中国在“创新2.0”的背景下深入进行工业化和信息

化融合的重要战略。浙江省是制造业大省,同时也是信息化大省,具备实施“互联网+”战略的天然优势。Krugman 和 Tsiddon(1993)的蛙跳理论模型论证了先发与后发并不是静态的,后发国具备更好、更快使用新技术的潜力,在此基础上追赶甚至超过技术先发国家。其基本经济学逻辑是:发达国家由于在原有技术上的优势地位和为此付出的沉淀成本,使其缺乏使用新技术推动新产业革命的动力;而发展中国家正是由于其相对落后,其使用新技术的机会成本小于预期收益。这就论证了发展中国家在科技创新方面的后发优势。中国作为新兴发展中大国,具备较好的人力资本和物质资本积累,理论上存在较高的创新到达率,因而有发挥创新后发优势,实现技术创新的现实能力。浙江省制造业产业集群应该通过“互联网+”来实现产业升级和“蛙跳型”创新。

“一带一路”战略下的超优策略

超优策略或称占有策略,是指博弈中不论其他参与人如何选择,局中人都有的最优选择。面对各种市场机会,在这一轮市场竞争中紧跟国家战略,重点布局“一带一路”都是一种超优策略。浙江省产业集群的国际化要通过对相关政策的解读,重点向沿线国家和地区倾斜,取得效益最大化。

4.3 浙江制造业产业集群国际化动力分析

4.3.1 动力系统和演化系统

根据古典经济学、产业组织理论和竞争优势理论的思想,产业集群能为集群企业提供产业环境资源、集群企业网络资源和生产分工资源 3 个方面的支撑,三者共同形成企业的竞争优势和动态能力。在全球价值链竞争格局下,企业竞争优势和动态能力又决定了企业的全球价值链治理目标。从竞争优势和动态能力出发,已经进入国际化路径的企业会逐步积累国际化资源、国际化关系网络以及国际化经营的经验,这三者的作用于企业的国际化模式。以上的关系构成了从源头到终端的企业国际化动力系统,如图 4-5 所示。

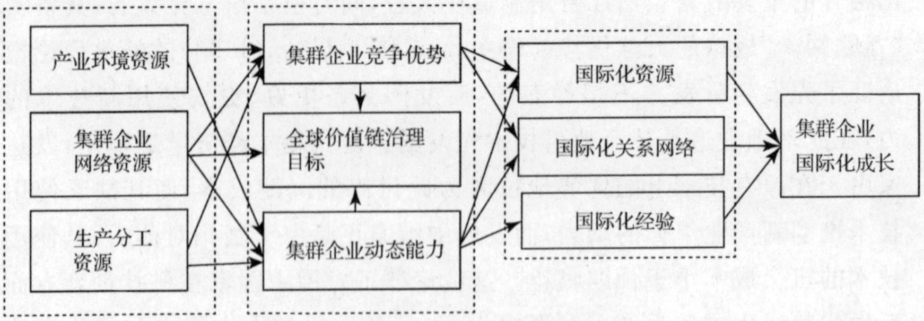

图 4-5 集群企业国际化动力系统

根据 Pederson, Peterson(1998)的企业国际化四要素模型,集群企业的国际化成长和演化是一个渐进的过程,企业的海外扩张受海外市场知识、生产要素数量、企业市场份额和市场竞争结构 4 个要素的直接影响。对于成长孵化期的集群企业来说,由于受到海外市场知识、企业市场份额的制约,无论其产业集群资源要素发展程度如何,都不具备国际化发展的条件。然而,随着产业集群的成长和演化,集群企业与跨国公司之间建立的网络关系将促使企业间的组织学习,从而引发区域知识溢出和技术创新,为集群企业获取海外市场知识提供了有利条件。

从理论出发对企业海外经营进行较为完整和全面论述的是邓宁(1979)的国际生产折中理论。该理论从 3 大因素着手对企业的国际经营动因做深入研究,即所有权(Ownership)、区位(Location)、内部化(Internalization),简称 OLI 范式。其对企业国际化动因的论述可以用表 4-3 加以概括。

表 4-3 企业国际化动因(OLI 范式)

所有权优势	内部化优势	区位优势	经营模式选择
是	是	是	直接投资
是	是	否	契约转让
是	否	否	出口贸易

为了使其 OLI 模型的解释更具动态性特征,Dunning(1993)将企业策略整合到 OLI 范式之中,将其与所有权优势“O”结合起来进行统一处理。Dunning(1995)开始关注外部资源对跨国公司竞争优势的意义,将战略联盟整合到 OLI 范式中。Dunning(1998、2000、2001)的研究进一步将并购因素纳入 OLI 范式。Dunning(2000、2001、2003)在考察当代跨国公司 FDI 的新

趋势、新特征的基础上，尝试将 FDI 理论的新发展整合到 OLI 范式中，对 OLI 范式中的“O”“L”及“I”同时进行动态化的分析。国内学者的研究表明，母国特定优势是新兴市场企业“走出去”的重要因素（柴忠东，2013）。当然，浙江省产业集群的国际化还同政府的贸易政策有关。

客观上需要通过浙江省制造业产业集群的国际化来提升集群的发展水平，但是如果没有集群自身所具有的相关条件，实现深入的国际化无疑是不可能的。因此有必要对浙江省制造业产业集群国际化的动力做详细分析。

4.3.2 经济产业因素

经济发展程度、产业孕育情况是决定一个集群是否具有能力进行国际化或者深入国际化的最根本条件。

产业具备国际化实力，有一定的所有权优势

是否具备一定的竞争实力是决定一个产业集群能否实现国际化的前提和条件。浙江省目前有 42 个产业示范集群，其中共有 13 个国家外贸转型升级专业型示范基地，这在全国各省区的数量上位居首位。截至 2011 年，浙江省年销售收入 10 亿元以上块状经济共有 312 个，其销售收入、出口交货值和从业人员分别占全省工业总量的 54%、62%和 56%；年销售收入 100 亿元以上块状经济共有 72 个，其销售收入、出口交货值、从业人员和利税总额分别占全省工业总量的 36%、39%、32%和 49%。其中，更是有 5 个集群年销售收入超过千亿元，分别为杭州装备制造、绍兴纺织、萧山纺织、永康（含武义缙云）五金及宁波服装产业集群。品牌影响力也逐步加强，共有中国名牌产品 96 个，浙江省著名商标 395 个，浙江省名牌产品 415 个，出口名牌 89 个，分别占全省总量的 33.2%、15.4%、25.8%和 22.3%，拥有中国驰名商标 206 个。部分企业甚至具有了一定的知识产权，如吉利集团加快海外并购，拥有国际注册商标量 1800 件，产品远销多个国家。

正是有上述经济规模、品牌效应、技术水平作为基础，浙江省制造业产业集群才具备了参与国际竞争，深入国际化水平，接受海外市场风险的能力和信心。

母国竞争力的增强与国内市场的相对有限

原有的基于发达国家跨国经营经验的国际生产折中理论认为，所有权优势带来的垄断能力是企业跨国经营的必要条件。事实上，很多案例表明中国在内的新兴市场国家并不具有较强的所有权优势，但是却有一定的比较优势。通过30多年的改革开放，中国企业在技术、管理、人才上均有较大幅度的提升，在新兴市场国家中位居前列。同发达国家相比，中国的产品具有质优价廉的比较优势，这是推动浙江省企业跨国经营的重要动因。如表4-4所示，来看浙江省出口主要面向发达国家（地区）和新兴市场国家，这说明母国特定优势起到很大作用。

表4-4　2014年浙江省对主要市场进出口情况

国家或地区	出口额（亿美元）	同比增长（%）	进口额（亿美元）	同比增长（%）
欧盟	626.8	15.1	96.6	−5.1
东盟	227.0	12.6	105.0	−10.2
美国	461.5	11.5	62.0	−5.3
日本	127.1	−4.6	93.0	−8.4
俄罗斯	93.3	0.3	11.7	−9.9
韩国	62.7	7.2	73.4	−1.3
中国香港	58.3	−1.4	2.2	−20.2
中国台湾	28.3	7.8	98.5	−10.5

根据世界银行按照购买力平价的测算方法，中国经济总量在2014年已经超过美国，成为世界第一。相应地，中国的消费总量也位居世界前列，满足国内市场的消费就可以给一个产业集群带来丰厚的利润回报。但是，从我国宏观经济的基本面出发，人均收入不高、收入分配不均，从而导致消费不足的问题。针对国内市场需求，浙江省已经有不少集群的产能相对过剩，一方面会出现产业增速放缓、动力不足，另一方面不利于相关资源的空间集聚。

在这种现实问题下，走出去开拓国际市场成为一个重要的现实选择。其一，可以强化在发达国家的走出去力度，针对发达国家的高端性需求可以倒逼企业生产出质量更高、种类更丰富的产品。其二，在发展中国家利用浙江省产业集群的内部化优势，可以在相关市场占据领导地位，进而获得相对的垄断定价能力，获取超额利润。其三，可以通过在金砖国家设立相关子公司的方式，加强与金砖国家的经济合作关系。金砖国家与中国的发展水平相似，浙江省产业集群可能更能适应该类市场的环境。

产业升级的必然要求

2014 年中国经济增速放缓，总体经济增长 7.4%。浙江省经济增长率为 7.6%，稍高于全国平均水平。经济增速放缓，一方面需要寻求新的发展动力，另一方面需要原有产业升级，产业结构调整。国外市场恰恰为浙江省制造业产业集群提供了这样一个良好的平台。如果仅仅着眼于国内市场就会发现浙江省的产业集群总体上具有较强的竞争优势，处于全国的领先水平，那么产业升级的动力就不是很大。但是，如果放眼海外市场，就会发现"强中自有强中手"，产业升级也就找到了标杆和动力。

比如说乐清的工业电气产业集群，虽然位居国内前列，但是在电器领域国际市场还是由少数跨国公司把持的。之所以这些跨国公司有这样的实力，就是因为它们对于电器领域核心技术和知识产权的掌握上。通过实地调研，课题研究组发现该集群面临国内市场萎缩和一定的销售难题，亟需通过打开海外市场来扩展业务。集群的两大龙头企业正泰和德力西虽然名列国内同行业前十，但是仍然主要集中于相对落后的低压和中低压电器领域，而国际巨头们聚焦于又具有盈利性的高压领域。这就说明该集群需要通过技术合作和对外直接投资积极地寻求产业升级，获取更为长久的产业竞争力，以促进该集群的长期、稳定发展。

4.3.3 区位资源因素

一个集群所处的区位条件对于该集群的国际化发展具有支撑性的作用。虽然集群内部企业可以通过海外经营来获取发展所需的战略资源，但是必备的先天区位条件是促成国际化深入发展的重要保障。其中比较重要的区位资源包含了劳动力成本、自然资源和所处的经济带。

劳动力成本相对较低

国内很多学者的学术研究成果表明，中国已经跨越"刘易斯拐点"，靠劳动力成本低廉来获得对外贸易的比较优势难以为继。浙江省在这点上表现得尤为明显，2014 年浙江省的职工月工资平均水平已经超过 4500 元，超过了 700 美元大关，这已经接近一些中等收入国家的水平。但是，应该看到同发达国家相比，浙江省的人均工资水平还是很低的。特别是在高级技术人才和研发人才上面，浙江省的工资水平仍然远远低于发达国家相类似层次的水平。因此在创新适宜性技术方面，浙江省具备产业基础、研发实力、较低成本，所以说在劳动密集型行业中不再具有的比较优势，仍会出现在资本和技术密集型行业中。

因此，关于工资提高损害浙江省集群比较优势的观点是不完全正确的，对于简单加工和劳动密集型行业确实是有影响，但是对于吸收国内高级要素，提升创新驱动能力是有益的。这种观念下，浙江省在研发适宜性技术上相比于发达国家会更有劳动力成本优势。因此，该优势是推动浙江省制造业产业集群国际化的重要推手。

自然资源总量丰富

虽然上述中国的人均资源占有量不大，但是资源总量还是位居世界前列的。浙江省本身并非资源大省，但却是充满了企业家精神这一宝贵资源。可以通过充分配置国内其他省份的资源来实现浙江省产业集群自然资源的供给，这也是浙江省制造业产业集群相对于国外的竞争优势所在。例如海宁皮革制品产业集群，地处浙江东北部平原的海宁，历史上就是湖羊繁育的重点地区，优质的羊皮资源给海宁的皮革制造业提供了相对丰富和廉价的原材料。1926 年创建的海宁制革厂，是海宁历史上第一家具有现代化生产技术的工业企业。1952 年创办的海宁皮件厂，80 年代初成为全国最大的专业皮衣出口企业。依靠自然资源，特别是从其他省份引进的资源，浙江省制造业产业集群就可以形成从原材料加工、产品制造、销售等完整的产业链环节，从而占据国际市场竞争的主动权。

地处长三角经济区

长三角经济区是我国最大的综合性工业基地和三大城市群之一。浙江省位于长三角经济区南翼，是我国重要的对外开放门户地区。位于这一地区对浙江省最大的优势就在于靠近市场。浙江省本身就拥有宁波—舟山这一重要港口，还毗邻上海港，具备优越的对外贸易条件。特别是紧邻中国的经济中心——上海给浙江省带来了巨大的溢出效应，使得浙江省在人才和技术的搜寻上相较于内地省份具有明显优势。另一方面，长三角经济区是外商投资最为密集的地区，有大量外商企业，这就给浙江省制造业产业集群提供了更为直接的国际化经营环境，更能较快适应国际市场竞争。

4.3.4 集群组织因素

集群组织因素是决定集群是否进行国际化的重要内因。只有具备了较好的集群组织条件，制造业产业集群才有主观意愿进行更为深入的国际化。其中，至关重要的因素包括了产业集群的配套措施、产业集群的现代化水平、内部企业对国际化运营的熟悉程度。

产业集群配套相对完善

浙江原有块状经济最大的发展特点就是内源式发展，由此产生的各个产业集群往往在一定区域内形成了较为完整的产业链，独立运行的能力较强。还是以乐清工业电气产业为例，目前全市共有电气及相关配套生产企业6000多家，其中规模以上企业468家。2012年全国工业电气100强公司中，乐清企业占10家，占全部内资企业16.4%。大多数企业扎根乐清本地发展，社会化分工和专业化协作机制不断优化，以龙头骨干企业关键产品和装配生产、市场营销和技术研发为主导，中小企业聚焦零部件加工生产的区域产业链垂直分工协作体系日益成熟，基本形成了由一群高度关联的生产企业群体、供应商群体、销售商群体和其他相关产业以及行业协会构成的工业电气产业集群。

相对完整的产业集群配套使得浙江省制造业产业集群可以通过自身的价值链整合来实现整个产业的有效运转。在国际化的过程中，抵御国际市场不确定性的能力较强。

现代化集群构建的路径

当前浙江省在块状经济上的基本战略就是要将其打造成为现代化产业集群。然而，对比现代化产业集群的标准可以发现，目前大多数的浙江省块状经济存在以下方面的不足。一是集群核心企业不够强大，还不足以形成龙头带动作用，"摊大饼"式的发展使得整个集群缺乏灵魂，在国际化的大潮中无法形成自身独特的竞争力。二是集群行业分布不合理，其中电气机械及器材制造业内块状经济分布数量最多，达到35个，其次为通用设备制造业，有33个，位列第三的是纺织业，有29个。总体来看，轻纺和机械等传统产业仍是浙江块状经济的主体。当前现代化集群的发展要求浙江省制造业集群向更高的阶层发展，特别是中国目前所急需的战略性新兴产业发展。三是空间集聚能力不强。目前，浙江省把各类各级园区开发建设与块状经济转型提升有机结合起来，互动推进。国家和省级开发区、工业园区成为高端产业集群的集聚基地，一批特色园区和乡镇工业功能区成为区域块状经济的集聚区，走出了以开发区、工业园区为载体的产业发展新路子。但是同上海、江苏等先进地区的工业园区相比还有较大差距。

在浙江省制造业产业集群的构建中，走出去深度进行国际化是可以实现浙江省块状经济向现代化产业集群转变的重要路径之一。通过开放倒逼改革，特别是在走出去的过程中可以充分学习到国外的先进技术和管理经验，学习国外标杆性产业集群的发展可以实现浙江省制造业产业集群的跨越式升级。

熟悉海外运营，易于国际化

浙江省是民营企业大省，特别是改革开放以来民营经济取得了令国内其他省份瞩目的成绩。从早期的“三来一补”式的加工贸易开始，浙江省企业大都实现了一般贸易的出口，部分企业甚至使用自有品牌进行出口贸易。2008 年以来，浙江省企业还加大了走出去，进行海外投资的步伐。这一方面体现了浙江省民营经济的发达水平和民间资本的丰裕，另一方面也见证了浙江省企业在海外运营方面的日臻成熟。

事实上，在走出去的过程中了解东道国市场，熟悉国外文化和制度对于国际化的效果是至关重要的。一个例子是上汽收购韩国双龙，因为对韩国工会制度的不熟悉使得上汽在这宗收购案上付出了惨痛代价。贸易大省的身份和多年的贸易与投资经验使得浙江省制造业产业集群有较为强烈的动力走出国门，深入进行国际化。

4.3.5 政策环境因素

国家政策的导向往往会对一个产业集群的发展起到关键的引导作用。“十二五”以来，特别是 2013－2014 年国家又陆续推出了自贸区战略和“一带一路”战略，上述战略均是希望通过深化国际合作来带动中国经济的转型升级。

创新驱动的必由之路

2015 年全国两会的政府工作报告中提出：推动产业结构迈向中高端。制造业是我们的优势产业。要实施“中国制造 2025”，坚持创新驱动、智能转型、强化基础、绿色发展，加快从制造大国转向制造强国。在当前我国经济发展进入“新常态”，经济总体发展放缓的现实条件下，更需要通过创新驱动来改变经济发展方式，追求质量和效益。

浙江省制造业产业集群目前发展较大的主要集中于装备制造业、纺织服装、电器类和五金产品等。大致可以分为劳动密集型和资本密集型两种。

对于劳动密集型产业，要将设计和创新放在第一位。比如说服装业，事实上浙江省长期以来都是服装生产大省，但是通常是制造加工环节，在设计领域同发达国家相比还有很大差距。针对劳动密集型行业的创新就是要增加款式、提升质量、打响品牌，特别是要努力引进一批设计人才，提高产业集群的创新能力。对于资本密集型行业，要将技术创新和研发放在首位，如果说浙江省的装备制造已经接近世界领先水平，那么相对而言浙江省制造业产业集群的研发能力同世界先进水平相比还存在较大差距。针对资本密集型行业，主要是要突出政产学研结合，将国家级和省级高新技术开发区、国家级科技园、企业实验室等资源充分利用，努力将制造业打造为“智造业”，进一步对接智慧产业的生产，以此来提升资本密集型行业的创新能力。

然而，仅仅限于国内发展没有世界眼光会成为“井底之蛙”，浙江省制造业产业集群需要通过深入国际化来提升创新能力。一方面深入的国际化能够接受国外先进技术的溢出，另一方面深入的国际化可以通过外源性的获取战略性资源来增强自身创新能力。

“一带一路”战略的优先选择

“一带一路”战略是习近平主席于2013年提出的战略构想，其核心就在于进一步加强中国和主要贸易合作伙伴的经贸联系，特别是整合亚洲和太平洋地区、欧洲各国的资源，形成更为紧密文化、交通和经贸关系。“一带一路”是“丝绸之路经济带”和“21世纪海上丝绸之路”的简称。对接国家战略，逐步增加提升在亚太和欧洲等国际市场的国际化水平无疑是符合现实的一种选择。

“一带一路”战略是21世纪以来中国提出的最为重要的一项国际战略，目前已经从交通、文化、经贸、安全等多个方面同相关国家开展了务实合作，预期未来国家还会出台更为具体的战略举措。浙江省制造业产业集群就是要尽早完成布局，尽快走出去在相关市场进行贸易和投资，及时把握这一难得的商机，实践将会证明抓住机遇、率先开放的重要性很有必要性。

自由贸易区建设的必然产物

未来5—10年国际开放格局将会发生重大转折性变化，即区域的双边或诸边自由贸易协定将对WTO构成重大挑战，并逐渐成为更为重要的国际经济制度安排，而亚太地区成为影响新国际经济秩序安排水平的核心区域。目前美国主导了跨太平洋伙伴关系协定(TPP)、跨大西洋贸易和投资伙伴关系协定(TTIP)，很大程度上将改变世界贸易规则、产业行业标准，挑战新兴国家尤其是金砖国家间的准贸易联盟，以贸易和跨国投资自由化、金融便利化为特征的自贸区正在改变着世界贸易版图。

国际贸易规则的改变和开放格局的重构倒逼着中国改革开放的深入。上海自由贸易区的设立正是中国适应自身发展新阶段和融入国际贸易新格局的重大战略举措，并以此为契机推动中国下一阶段的全球化发展由低层次的商品流动向高层次的要素流动迈进。目前中国已经设立了 4 个自由贸易试验区，分别是上海、天津、广东、福建四大自贸区。这些自贸区以及中国与其他国家签订的双边、多边自贸区协定将会实现贸易的自由化，这一方面给浙江省制造业产业集群带来挑战，另一方面也为其提供了更为广阔的市场规模。乘着自贸区建设的东风，浙江省制造业产业集群更应该顺势而为，尽早深入国际化，搭乘自贸区发展的快车。

第 5 章　浙江制造业产业集群国际化模式与路径研究

浙江制造业产业集群进行集群国际化的模式与路径与集群本身发展的阶段有一定相关性，但具体要根据产业集群嵌入全球价值链而实现国际化发展的具体方式而定，即取决于市场国际化、生产要素配置国际化与中介组织国际化等方式。本研究主要在生产环节国际化、销售环节国际化、品牌建设国际化、中介服务国际化、资本运作国际化上进行内向国际化与外向国际化的具体模式与路径分析。

5.1　浙江产业集群嵌入全球价值链模式

5.1.1　全球价值链理论

全球价值链中各个价值环节在形式上虽然可看作是一个连续的过程，但是在全球化过程中这一完整连续的价值链实际上是被一段段分开的，在空间上离散性地分布于全球各地。同时，分离出去的各片断一般都具有高度的地理集聚特征，即“大区域离散小地域集聚”。因此，地方产业集群从某种程度上也可以说是全球价值链片断化的结果按照价值链的地理范围的大小，可将价值链分为全球价值链、跨国价值链、国家价值链和地方价值链，如表 5-1 所示。其实各价值链的分类本质上就是经济的全球化和产业的地方化的综合结构。

表 5-1 价值链的类型

名称	地理范围	空间结构	主导力量
全球价值链	全球范围内	全球生产网络	全球公司
跨国价值链	两国或者多国之间	多国价值分异	跨国公司
国家价值链	本国境内	基于本土内需产业组织，吸引全球要素集聚	全国性公司
地方价值链	本国区域性范围	区域间分工和贸易	区域性公司

全球价值链理论根源于20世纪80年代国际商业研究者们提出和发展起来的价值链理论。这其中最为流行、影响最为深远的是波特1985年提出的价值链理论。波特在分析公司行为和竞争优势的时候，把公司的整体经营活动分解为一个个单独的、具体的活动，这些活动分处于不同的环节，具有不同的性质和作用。因为每个活动都创造价值，所以波特把这些活动称为价值创造活动。价值创造活动被分为基本活动（含生产、营销、运输和售后服务等）和支持性活动（含原材料供应、技术、人力资源和财务等），这些活动在公司价值创造过程中相互联系，构成公司价值创造的行为链条，这一链条即公司内的价值链。在此基础上波特还提出，不仅公司内部存在价值链，一个公司价值链与其他经济单位的价值链也是相连的，任何公司的价值链都存在于一个由许多价值链组成的价值体系中，而且该体系中各价值行为之间的联系对公司竞争优势的大小有着至关重要的影响。

20世纪90年代以来，在经济全球化浪潮的推动下，全球范围内的企业界发生了巨大的变化，其中最引人注目的是跨国公司（Transnational Corporation）向全球公司（Global Corporation）的转型。全球公司是跨国公司发展的新阶段，与跨国公司相比，全球公司的跨国指数（境外资产、销售、雇员人数与总资产、销售、雇员人数之比）普遍超过了50%，一些全球公司的股权也高度全球化。1994—2008年，全球最大的100家跨国公司境外资产占总资产比例从41%上升到57%，境外销售占总销售比例从45.6%增加到62%。全球公司形成了全球性的发展战略、治理结构和理念文化，从跨国经营转变为全球经营，从中心辐射转变为全球治理，从追求股东价值最大化转变为追求全球责任。全球公司通过在全球布局价值链，在全球范围内整合生产要素，开发潜在价值，从而极大地释放了全球生产力。

波特说过，从广义来讲产业集群是介于市场和等级制之间的一种网络式经济组织模式，地方产业集群一般都是全球价值链条在空间上的一个组成部分，因而地方产业集群之所以能够成为竞争力角逐优胜者，很大程度也是各种治理模式交错发展的结果。运作良好的产业集群，是迈向发达经济体的根本阶段(Porter，2003)。地方产业集群一般是全球价值链片断化的结果，那么产业集群国际化的最终发展轨迹或提升路径也应该是沿着全球价值链一步步来完成。

在新经济面前，传统的国际贸易和跨国公司理论略显苍白，迫切需要新的理论框架来更好地解释现代经济活动。基于现实特征，诸多学者对价值链、价值增加链、全球商品链以及生产网络理论等进行了深化和演进，形成了全球价值链理论。价值链驱动机制(Gereffi，1994；Henderson，1998)和价值链治理(Gereffi，2003)是全球价值链理论的核心命题。Humphrey，Schmitz(2002)将全球价值链的治理结构分成4种类型，即市场型、网络型、准层级型以及层级型。Gereffi，Humphrey，Sturgeon(2005)根据市场交易的复杂程度、交易标准能力和供应商将全球价值链的治理结构分为市场型、模块型、关系型、领导型和层级制5种层级。

在由跨国巨头构建并主导的GVC体系中，中国代工企业处在“微利化”和“被俘获”的状态，升级形式有限。格里芬(Gereffi)认为，这其中有来自位于GVC高端的跨国大买家的压制与盘剥，代工企业最多只能实现较为低级的工艺升级和产品升级。出于自身利益的考虑，为避免代工企业在正面与其直接竞争，国际大买家不会让代工企业在核心技术和自主品牌上实现真正意义的突破。结合GVC治理模式来看，无论代工企业处于哪种治理模式，都只能实现较为低端的工艺升级和产品升级，更高端的升级特别是链条升级难以实现如表5-2所示。此外，代工企业的这种发展模式本质上是一种要素驱动或投资驱动，无法形成有效的进入壁垒，再加上还有来自其他发展中国家的激烈竞争，这些都是代工企业在GVC中难以升级的原因。俞荣建的研究也认为，代工企业“专有性”与“专用性”这两个维度的能力不同会导致“升级”与“伪升级”两种不同结果。总而言之，由跨国大买家主导的GVC体系不利于中国代工企业吸收高端生产要素，形成具有市场影响力的自主品牌。代工企业无法突破低端生产环节，实现真正的转型升级。

表 5-2　不同 GVC 治理模式的升级能力比较

类型	工艺升级 Process upgrading	产品升级 Product upgrading	功能升级 Functional upgrading	链条升级 Chain upgrading	相关学者文献
市场型	+	?	?	?	汉弗莱，施米茨(Humphrey, Schmitz)；特瓦瑞(Tewari)；巴赞，纳瓦斯埃勒曼(Bazan, Navas-Alemán)
网络型	+	+	+	—	汉弗莱，施米茨(Humphrey, Schmitz)
等级型	+	+	?	—	格里芬(Gereffi)；格里芬，梅梅多维克(Gereffi, Memedovic)；汉弗莱，施米茨(Humphrey, Schmitz)；施米茨，克洛林加(Schmitz, Knorringa)

提升全球价值链治理能力并掌握全球价值分配话语权成了企业国际化的驱动力和终极目标。而对于企业国际化的路径和模式，要考虑集群企业自身的内部优势与外部经济，即企业国际化的动力机制。现有文献对企业国际化动力的研究主要集中在企业的竞争优势以及国际化目的方面。Vernon(1966)认为，企业的国际化是市场导向型，其研究假设是当产品在国内市场得到普遍认可且市场容量趋于饱和时企业将产生海外投资建立直属机构的动机。Niron，Tamar(2004)认为，企业选择国际化战略的首要目的在于弥补资源和能力不足。Forsgren(2002)从组织学习的角度出发，认为跨国企业采取并购的方式进行对外直接投资，动机在于迅速提高企业的学习能力。我国学者的研究则立足于本土文化特质并充分考虑了我国企业国际化的特点。陈翊(2010)认为，国际产业转移、企业家精神特质与社会网络关系组成的区域文化传统、集群内各成员的竞争与合作是推动集群企业国际化的主要动力。彭迪云等(2013)认为，集群企业应当加强外部网络联结关系的构建、管理与维护，动态调整不同维度知识租金获取的培养力度，以此来加快其国际化成长进程，提高国际竞争力。

考虑到我国的集群企业呈现出既相互联系又相互独立的特征，要使得这种“松散耦合”的企业网络有条不紊地运转，价值链的治理者必须扮演指挥协调者与风险承担者的角色，而产业集群的成长是集群内企业从过去的国内价值链逐步扩展并嵌入到整个全球价值链的结果(Gereffi et al.,2005)。因此价值链治理理应是产业和企业集群国际化演进的重要研究维度。根据已有研究,本文将产业集群、企业国际化动力和全球价值链治理纳入统一的分析框架之内,认为产业组织资源、产业政策支持、企业家精神和文化特质、集群内企业竞争合作、国际产业转移等外部环境是企业国际化的驱动力,企业国际化的过程分为 4 个阶段的逻辑顺序:生产要素、动力机制、竞争优势、模式选择。对应于全球价值链治理的终极目标,企业国际化采取不同国际化路径和模式。基于以上分析,本文认为企业国际化是国际化动力机制和全球价值链治理目标耦合的结果,即两者螺旋式的演进产生了集群企业国际化的模式和路径,如图 5-1 所示。

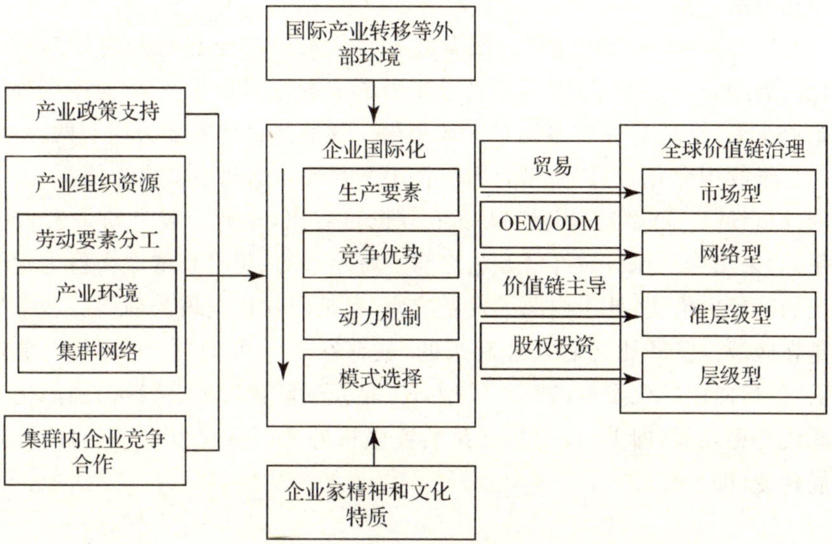

图 5-1 产业集群、企业国际化和全球价值链治理的逻辑联系

结合价值链理论,地方产业集群发展历程可以划分为基于区域价值链的内源式发展和基于全球价值链发展的国际化发展阶段,一般而言,从时间发生的先后顺序看,地方产业集群可能存在 4 种发展类型:

D 型(Domesit 型)。地方产业集群始终在区域价值链内活动,与 GVC 的联系并不多,区域内资源与市场完全能满足集群进一步发展的需要,即区域能够为集群发展提供各种要素与市场。因此,集群始终处于内源式发展阶段。处于封闭环境下的产业集群一般都属于此类型。但在当今全球化背景下,这些集群正在向仓 I 类型转化,所以此类集群比较少见了。

D－I 型（Domestic-International 型）。首先地方产业集群通过嵌入区域价值链，利用域内资源发展壮大。当某种关键性要素或市场无法满足其发展要求时，集群会开始国际化发展，在全球范围内进行资源配置与产品供求。因此，集群这种国际化发展是其内源式发展在时间与空间上的延续。目前，它是集群发展的一种常态，中国大部分集群即属于此发展类型。

I－D 型（International-Domestic 型）。即由最初的国际化发展逐渐向内源式发展转变。例如，浙江平湖光机电产业集群是一个典型的由 FDI（主要是日资）集聚、以外资为主体的外向型光机电集群，目前正经历 I—D 型发展过程。它形成后即与区域价值链连接，使区域价值链成为 GVC 的一部分，因而它在国际化发展的同时，也开始内源式发展，但其主要目标仍是国际化发展。

I 型（International 型）。该类型集群从形成之初起就始终是属于国际化发展的。以上 I－D 型、I 型产业集群形成的原因有两种：一是本国外向型企业集聚，二是 FDI 在本国某区域集聚。这些集群的发展方向有两种可能：一是继续国际化，进口资源、产品外销（I 型）；二是利用国内外资源，满足国内外市场（I—D 型）。因此，从以上分析可看出，这两个发展阶段有以下关系：如果集群是在区域经济开放之前发展起来的，此时集群嵌入作为封闭系统的区域价值链，处于内源式发展阶段，它是国际化发展的前提。如果集群是在区域经济开放之后发展起来的，就存在 3 种可能性：一是先内源式发展，然后向国际化发展（即 D－I 型）；二是先国际化发展，然后向国际化与内源式并存发展（即 I－D 型）；三是始终坚持外向国际化发展，不向内源式发展转变（即 I 型）。

5.1.2 嵌入全球价值链的过程

产业集群要成功实行国际化发展战略，嵌入全球价值链是关键的一步，地方产业集群嵌入全球价值链，首先是大量产业联系密切的企业及相关支撑机构在空间上集聚，并形成强劲持续的竞争优势，集群就产生了。集群内的领先公司逐渐关注于全球价值链的某个或某几个优势环节，而放弃或弱化非核心经济活动，而由此带来的领先公司竞争力进一步提升，吸引集群内其他企业纷纷跟进和模仿，出现了集群整体产业活动基于全球价值链的垂直分离，使整个集群逐渐专注价值链战略性环节，弱化或转移非核心业务，嵌入全球价值链。而大量的集群间集聚与区域外经济行为主体的生产、贸易、技术、信息、文化交流，把基于同一产业的不同区域集群联系起来，实现了全球价值链下的产业整合。正是各个价值环节的地理集聚特性使得很多地方产业集群成了全球价值链条的一个从属部分。地方产业集群嵌入全球价值链将促进区域竞争力提高和经济发展。地方产业集群通过嵌入全球价值链而融入全球经济，能够进一步促进区域竞争力提高和经济发展，主要体现在两个方面：一是区域经济的总量增大；二是区域竞争力和经济增长质量提高。首先，随着地方产业集群嵌入全球价值链，导致集群的需求增加，使区域经济的产出总量增加，从而使区域内 GDP 总量增长。其次，由于地方产业集群的外向发展，国外需求增加引起国内产品的价格上升，吸引新厂商进入集群，使集群供给能力进一步扩大。同时，地方产业集群根据全球价值链标准要求，通过改变生产要素投入来提高生产能力这两方面共同促进了生产能力的提高，使区域经济总量由于产业集群嵌入全球价值链而增大。

区域竞争力提高和经济增长质量提高，主要表现为地方产业集群嵌入全球价值链实现产业升级后供给能力的有效性发挥，因为地方产业集群必须以全球价值链上各种规则和标准为尺度，否则会被排除在全球价值链之外。地方产业集群在全球价值链上实现升级过程中，通过掌握和达到价值链的规则和标准，更有效地整合区域内各种资源要素使区域内资源配置更加合理，促使区域的可能产出转化为有效供给能力的提高；同时，也会使区域经济适应全球经济，升级过程会使区域经济增长质量提高和区域竞争力增强。

产业集群若要发展，外部环境很重要。不仅需要嵌入全球价值链并与之耦合，而且集群的供应链式整合(即产业集群在同一地域形成完整或近乎完整的价值链也是产业集群升级的关键，这样才能保证地方产业集群在与全球价值链耦合时获取价值链中高附加值的核心战略环节的竞争优势。根据产业集群发展差异性，产业集群嵌入全球价值链有如下 3 种模式：

第一，产业集群的某个环节具有的优势，成为全球价值链核心企业所需的嵌入点。全球范围内新的、能降低生产成本的渠道和价值链的某个环节总会成为全球价值链的核心企业关注的焦点，当某区域集群的某个环节比其目前的集群产地更有潜力时，具有经济性的国外核心采购商必有所选择。而地方产业集群为了摆脱单纯从事某个非核心的低附加值环节的从属地位，必然以嵌入全球价值链的某个环节作为基点，通过从核心企业学习其先进技术来强化整个集群，并沿价值链向上下游的高附加值环节延伸，形成集群供应链式的整合，达到集群的功能升级。

第二，地方产业集群在价值链的各个环节虽没竞争优势，但其产业整体优势成为全球价值链中核心企业注重和耦合的焦点。跟第一种模式相比，短期劣势非常明显，较难获得位于全球价值链核心企业的青睐；但从长期看，基于其在同一地域产业的供应链完整性和悠久产业技术底蕴，以及完善的相关培训机构、中介机构、信息中心等组织支撑，一旦嵌入全球价值链中，其后续竞争力将更长远和可持续，而这种集群式供应链的整合更多表现为集群价值链各环节工艺水平的升级。

第三，全球价值链将自身的某个环节转移出来，在没有任何产业基础的地域中形成新的地方产业集群。

其产生是由于两者间的外部环境发生突变后，相互资源存在高度互补性。这种产业集群表现为高度的单一性和依赖性，所有生产加工原材料、辅料和设备都来自位于全球价值链的核心企业。如果地方产业集群的所有活动包含和受制于全球价值链的核心企业，是很难有所作为的，但融合在全球供应链中，与全球发展和需求同步，技术和产品更新快，相对规模较小，适应性强的特点，为这种产业集群开拓低层次的国内市场，摆脱全球采购商的依赖创造了条件，也为地方产业集群进行集群式供应链的整合打下基础。中国目前大部分地方产业集群，特别是浙江的产业集群，其优势环节基本在制造加工环节，处于价值链的低附加值阶段，因而对地方产业集群嵌入全球价值链的模式研究很重要。探索不同类型的嵌入模式会对集群本身的发展带来什么作用，对集群自身国际化程度的提高有哪些影响，将为进行国际化发展的地方产业集群指明方向。

5.1.3 区域经济国际化模式

区域经济国际化的模式主要包括 3 种：一是东亚发展模式，指 20 世纪 60 年代中期至 90 年代东亚地区出现的区域性经济高速持续增长和社会快速发展的现象及其运行方式。东亚模式在实施“外资主导型”对外经贸战略的同时，致力于提高自身资本实力，注重社会公平。二是拉美发展模式，指智利、巴西、阿根廷、墨西哥等拉美新兴市场经济国家依靠自身资源和劳动力等比较优势，大量利用欧美外资，通过实施贸易替代和进口替代拉动了经济的快速发展，使人均国民收入进入中等收入国家行列的发展模式。三是我国的苏南、温州与珠三角模式。苏南地区的国际化模式是政府主导，实施以加工贸易和“引进来”为主的国际化战略模式。珠三角模式则是以港澳台和国外投资带动的以加工出口为主的外向型发展模式。温州模式是以个体私营经济为主体，家庭工业为起点，由民间资本自发形成的“小商品、大市场”格局的模式。

5.2 浙江制造业产业集群国际化环节特性

5.2.1 生产环节国际化

20世纪60年代以来，新的科学技术革命使整个生产过程发生了巨大变革。世界生产力以空前速度增长，国际分工进一步向深度和广度发展。这时，国际分工进入了以生产协作为基础的阶段。其特点是生产国际化，并且正在向未来的整个经济生活国际化方向发展。生产国际化意味着世界各国不仅在商品和资金流通方面实现了国际化，而且在工农业生产和第三产业的各个部门以及各个加工环节方面也走向了国际化。跨国公司(包括跨国银行)在世界一体化生产中具有重要的和主要的地位。跨国公司通过国际直接投资和非股权合作的一体化方式，成为国际生产一体化的载体和组织者。信息革命和国际竞争因素也在加速跨国公司实行国际生产一体化的进程。跨国公司通过商品和劳务的生产与交换，强化了国家之间的联系，把各国经济融入庞大的世界市场之中。不同的国家虽然分布在全球不同的地区和区域，但各国的市场在世界经济一体化的格局下都成为世界市场不可分割的一部分。在组织跨国商品和劳务生产过程中，跨国公司需要制定对不同经营活动的国际区位和对企业所控制的各类实体所进行的一体化程度进行选择的战略。目前，跨国公司需根据企业联系形式、经济一体化程度和政策环境等重要变化制定不同的战略。跨国公司在生产和服务领域向多功能方向发展，灵活地在全球范围内有效利用和优化配置资源，取得最佳经济效益。

浙江作为民营企业的热土，具有显著的劳动力成本优势，长期以来将生产环节锁定在本地，充分利用沿海地区和内陆地区的工资差异，从中西部地区的农村地区吸引劳动力转移，再利用沿海出口便利，进行货物贸易；然而近年来，随着人口红利的逐渐丧失，中西部地区的工资差异下降，根据蔡舫(2010)的研究揭露，我国已经进入劳动力供给拐点，浙江沿海传统产业集群如温台地区，开始将生产环节向内陆甚至是东南亚低劳动力成本地区转移，在本地形成了“产业空心”。由于产业集群的地方根植性，企业依赖于本地文化和组织网络，孤立的生产环节的国际化面临着巨大的经营风险。因此近年来，浙江企业的海外投资在实践中逐渐摸索着“产业链式”国际化道路，境外投资形式趋于多样化，最典型的是企业联合建立海外工业园区。从单个企业境外建厂到多个企业联合在境外投资建工业园区，被喻为“由单兵作战向抱团共赢”的战略升级。

从单个企业境外建厂到多个企业联合在境外投资建工业园区，这种企业“走出去”模式的转变，被喻为“由单兵作战向抱团共赢”的战略升级。浙江企业在境外的投资领域已从简单设立流通领域的贸易机构为主，发展到设立境外加工企业、创建境外研发中心，境外投资形式已形成了多样化发展趋势。目前，浙江境外投资主要有5种形式：一是建立境外营销网络；二是设立境外生产企业；三是进行境外资源开发；四是创建境外研发机构；五是境外并购。其中在非洲、印尼、蒙古等地区的境外投资项目大多以绿地投资为主；在欧美发达国家的境外投资项目大多以收购先进技术、知名品牌和优质销售网络为主。浙江企业“走出去”最早是从国有企业开始的，随着浙江民营经济的发展和对外开放的不断深化，一些民营企业和外商投资企业开始加入“走出去”的行列，境外投资主体形成了从单一的国有企业向以民营企业为主体的多种所有制企业转变，呈现多元化发展趋势，而民营企业逐渐成为主力军。截至目前，全省经审批和核准的境外企业和机构中有3155个项目为民营企业，占总数的72%，累计中方投资规模为42.2亿美元，占中方投资总额的64.7%，涌现出吉利汽车、万向集团、华立集团等一批具有国际化视野的民营企业。在国内竞争中占优势的民营企业，通过“走出去”，在更广阔的领域、更高的层次参与了国际合作和竞争，充分利用了全球化的市场资源。

浙江轻工、纺织、服装、家电等行业发达，相对具有比较优势。随着国内竞争的激烈，生产能力有所过剩，需要走出国门到境外设立生产基地，转移过剩生产能力。如：浙江绣锦服饰有限公司与俄罗斯等独联体国家已有多年贸易往来，其“BOOST”品牌服饰在东欧市场拥有一定的知名度。2010年，浙江绣锦服饰有限公司在白俄罗斯投资建设服装生产项目，租用布列斯特市厂房，在中国国内购买部分设备投入生产服装、鞋、袜子、围巾等纺织品用品。浙江苏泊尔股份有限公司增资苏泊尔（越南）有限公司建设炊具生产项目，完成后苏泊尔越南生产基地规模达到年产炊具790万口。

随着国际贸易保护主义有所抬头，2010 年以来浙江遭遇的贸易争议案例明显增多。从 2009 年 4 月开始，美国等输油管消费大国相继对产自中国的输油钢管实施反倾销和反补贴，美国商务部决定对中国生产的输油钢管征收 36.53%—99.14%的反倾销关税和征收 10.69%—30.69%的反补贴税，导致浙江钢管生产企业生产经营效益大幅下滑。为规避贸易保护造成的市场风险，提高产品的市场竞争力和抗风险能力，抢占国外高端市场，浙江企业主动应对欧、美等国的反倾销。浙江健力股份有限公司和浙江巨石集团等企业也拟在境外寻找建立生产基地以应对欧盟反倾销。通过境外投资，不但实现了原产地多元化，还有效地避开了贸易壁垒，获得了新的生存和发展空间。

5.2.2 销售环节国际化

销售环节国际化包括两种模式：国内品牌自建销售网络走出国门和收购企业获得海外销售渠道。其中通过并购整合国际销售网络可以克服市场结构。消费习惯和文化差异，迅速打开市场。其中，较为典型的是吉利收购沃尔沃。

当前世界范围的金融危机给浙江发展境外投资提供了难得的战略机遇，浙江企业可以有利的条件获取一些战略性资源，如技术、品牌、营销网络等。浙江吉利收购总资产达 66.79 亿美元、净资产达 16.03 亿美元的瑞典沃尔沃轿车公司 100%股权，完成收购后，吉利汽车拥有包括沃尔沃商标免费的、全球的、不可撤销的所有权、使用权和可分许可权，以及分布于 100 多个国家的 2325 个销售网点、10963 项专利和专利知识产权，涵盖了发动机、整车、平台、模具、安全技术、电子控制技术领域。吉利收购沃尔沃，对企业本身的发展无疑起着重要的作用，同时在一定程度上也促进了我国汽车制造业的发展。

5.2.3 品牌建设国际化

品牌国际化常用方式有两种：一是国内生产，产品销往国外；二是在国外也设立分公司，实现全方位的扩张。

第二种方式是世界著名大公司最常用的。有一些著名的跨国公司，甚至自己并没有生产能力而转嫁给一些当地生产成本很低的外国公司。这样它仍然可以享受到自己品牌的大部分收益像耐克公司即是如此。但是,要想在全球范围内营造一个品牌,困难将是巨大的。每一个竞争对手,尤其是本国的竞争对手都会对外来的入侵者高度敏感。此外,不同国家之间在语言、信仰、生活和消费习惯方面会有很大的不同,产品的特性和价格也会有很大的不同,这就增加了品牌国际化难度。因此,品牌必须与当地具体情况相结合,即实行本土化。建立一个品牌如果不考虑当地消费者的消费行为特征,可能产生负面的影响。诺基亚在这方面就做得较好,它的产品总是不断变化以适应中国消费者的需求。在跨国公司的经营策略中,产品生产以及营销的本土化是一个特点。利用著名品牌的晕轮效应,在海外子公司生产同类的产品,利用当地的廉价劳动力资源,使得成本大大降低,产品竞争力将得到进一步的加强。

在经济全球化大背景下,知名品牌的多少、品牌经济的发展水平,已经成为一个国家和地区综合实力和国际竞争力的重要因素。浙江是制造业发达的省份,经济结构以加工型、外向型为特色,贴牌加工非常普遍,加工业的发展促进了企业的原始积累和技术进步,但贴牌加工企业得到的只是廉价的加工费,严重阻碍了企业的进一步发展壮大。因此,转变经济增长方式必须走自主品牌发展之路,而发展品牌必须实施品牌的国际化、一体化战略。

目前,浙江省工商界已经和国际商标协会签署商标品牌国际化合作协议[①],建立了浙江品牌国际化的长效合作机制。该机制包括5个方面内容:第一,保持经常性的联系往来,定期开展互访,协商解决双方共同关心的问题和商讨更广泛合作交流事宜。第二,拓展和充实商标专用网站,逐步实现双方信息数据的对接和交流。浙江省企业可以浏览浙江商标网,了解相关情况。第三,构建商标维权协作机制,在商标维权中加强国际的相互配合,协商解决国际商标纠纷案件。第四,针对国际商标领域出现的新情况、新问题和商标维权国际化的新趋势,定期组织商标品牌高峰论坛,探讨应对策略和解决方法。第五,培育和引导知名商标品牌企业在国际市场中的商标资源管理与有效运作、助动和提升商标品牌价值,促进商标品牌创新和发展。

---

① http://biz.zjol.com.cn/05biz/system/2006/10/24/007943588.shtml

5.2.4 中介服务国际化

浙江省具有经济外向度较高、产业基础较好、物流体系完善等优势，跨境电子商务发展在全国处于领先地位。2013 年，由于国家和地方政府推动跨境电子商务发展的试点政策、方案和项目不断推出，跨境电子商务由市场自由发展进入了政府大力推动发展的新阶段，传统外贸工厂、企业和本土品牌商纷纷涉足跨境电商，浙江省跨境电子商务也进入全新的发展阶段。目前，全省从事跨境电子商务的经营主体约有 3 万多个，开设各类网店 30 多万家；跨境电子商务交易规模进一步扩大，2013 年，全省跨境电子商务零售出口约 200 亿元，同比增长近 40%。发展特点：(一)跨境电商产业链构建步伐加快；(二)跨境电商试点园区建设步伐加快；(三)跨境电商政策研究制订步伐加快。随着跨境电子商务交易平台技术上障碍的不断突破，跨境支付、跨境物流等跨境电子商务综合服务产业的形成和支撑与海外网购市场的快速发展，跨境电子商务的发展已经从起步阶段进入起飞阶段，规模化成长期已经到来。海外网购市场快速发展，除美国、英国、澳大利亚等电子商务发达市场以外，俄罗斯、巴西、印度等新兴市场增速迅猛，据美国市场研究公司 eMarketer 测算，2010—2015 年电子商务发展预测增长 5230 亿美元，其中 55%的增长来自金砖四国(42%)和新兴市场(13%))。从行业及产品来看，跨境电子商务产品多元化发展趋势明显，跨境电子商务产品类别在不断扩展。尤其是随着大数据支撑下跨境电子商务交易信息、物流信息整合能力的提升，电子商务平台、物流公司及大型电商通过设立海外仓等方式，进一步突破了跨境电子商务发展中的物流限制，大件商品和中大额跨境电子商务不断发展。随着国际互联网的飞速发展和电子商务交易技术的不断完善，全球消费市场需求变化明显，浙江省企业发现了这一片跨境贸易的“蓝海”，纷纷开始通过电子商务方式开展跨境贸易，拓展国际市场，并取得了突破性的进展，跨境电子商务已成为推动浙江省外贸增长的新引擎。发展跨境电子商务，有利于深挖出口市场潜力，扩大出口规模；有利于改变传统贸易格局，突破传统贸易困境；有利于提高浙货市场占有率，提高浙货市场竞争力；有利于打造浙江省出口自主品牌，抢占未来外贸竞争的制高点，在经济全球化过程中获得更大收益。

5.2.5 资本运作国际化

浙江企业根据自身发展对原材料的需要，通过收购境外的原料企业，获得稳定和优质的原料供应。富丽达集团控股有限公司是一家主要生产销售粘胶纤维的企业，该公司为了进入粘胶纤维上游原料产业，获取稳定的粘胶纤维生产原料，通过收购加拿大纽希尔特种纤维素有限公司，全面拥有和控制该公司的全部资产和原料采购渠道和生产、经营及销售网络，加拿大纽希尔特种纤维素有限公司是加拿大 3 家和全球 40 家生产特种溶解浆的企业之一。今后，加拿大纽希尔特种纤维素有限公司将为富丽达集团粘胶纤维的发展提供稳定和优质的原料，从而将企业带入产业链上游，化解原料供应对企业带来的发展风险。

通过境外并购，企业还可以整合互补资源，完善和促进自身的发展。浙江精工钢结构有限公司是一家主要从事建筑钢结构产品制造、钢结构工程设计、施工安装的企业，为促进公司钢结构建筑体系集成服务商战略的实施，提高公司在墙面、屋面维护系统方面的业务能力，与现有钢结构业务整合；公司通过收购从事建筑维护体企业亚洲建筑系统有限公司全部股权，将金属屋面体系、墙面体系和浙江精工钢结构有限公司现有的轻钢结构、重钢结构、空间钢结构产品体系有机结合，在业务开拓等方面形成协同效应。亚洲建筑是一家专业从事新型金属屋面、墙面维护系统服务商，其金属屋面系统产品体系在公共建筑中广泛应用。并购完成之后，不但整合了互补资源，还有效地提升了企业的竞争能力，促进企业的全面发展。

5.3 浙江制造业产业转型升级与商品结构优化

经济全球一体化发展带动了生产要素的跨国界流动，进而促成了区域一体化的形成和发展。区域经济国际化和区际化之间的协调和整合，成为经济发展的基础和原动力，区域制度转型和经济发展需要市场和政府的双力配合。备受关注的“浙江外贸现象”反映的是浙江经济的独特之处，“两头在外”的生产贸易方式促成了浙江外贸近 30 年的快速发展。当浙江外贸发展进入中速期的今天，我们需要同时关注平稳增长和健康增长的问题。因此，如何协整区域经济区际化和国际化，是一个很有现实意义的研究方向。

5.3.1 出口商品结构现状和问题

出口商品结构是指一个国家或地区在一定时期内，各类出口商品在其对外贸易中所占的比重。外向型经济较为发达的地区，其外贸商品结构与产业结构之间呈现较强的关联效应，产业布局结构和产业组织结构是否合理，都会通过产业商品结构体现出来，最终体现在外贸商品结构中。产业商品结构是产业政策研究最深层次内容，从根本上说，产业结构转换问题，归根到底是产品结构问题，是产品的总类、规模、水平、质量和市场问题。合理调整产品结构，有利于充分利用各种资源，科学配置生产要素，有效地引导资产存量重组，提高宏观和微观效益。

第一，浙江出口商品结构优化进程落后于外贸增速。10 年间，浙江外贸出口平稳增长，除 2009 年受到金融危机影响外，其余年份增长较为强劲。2013 年浙江省进出口总值 2.08 万亿元，同比增长 7.5%，排名全国第五，是浙江外贸首次突破 2 万亿元人民币大关。2014 年上半年，浙江出口规模不断增加，累计出口额 7765.5 亿元，排在广东和江苏之后，居全国第三。在浙江省出口总量不断扩大的同时，出口商品结构优化进程却较为缓慢，成为未来可能的出口发展瓶颈。在过去较长一段时期内，劳动密集型产业出口导向解决了浙江省社会劳动力就业问题，促进了整体社会经济的稳定和发展，稳固了浙江省外向型经济的地位，但同时也出现了体制性产能过剩的问题，进而引发对整体产业结构优化和出口产品结构提升的思考。整体而言，市场是推动外贸增速的关键力量，却在一定程度上抑制了出口商品结构优化。

一方面，受中小企业利好政策激励，本土市场供给明显上升。在国务院办公厅《关于支持外贸稳定增长的若干意见》和《浙江省人民政府办公厅关于支持外贸稳定增长的实施意见》等政策的激励下，近几年浙江政府针对扶持中小微企业，兑现财政资金 4 亿元，直接受益的企业达 8000 多家，这些企业拉动全省出口增长 2.9 个百分点。另一方面，受金融危机影响，世界消费品市场需求稳中有升。浙江企业出口产品中日用消费品和轻工产品占据了较大比重，2008 年金融危机导致发达国家实际购买力下降，这些市场需求从奢侈品中释放出来，转向日用消费品等刚需市场，增强了对浙江产品的需求力度。同时，新兴市场崛起产生的多元化和多层次的需求结构丰富了浙江出口产品品类和数量。

第二，电子商务是外贸增速的创新催化剂，但其本身并不具有调节出口商品结构的功能,机电和高新产品调整幅度不大。电子商务的运用显著降低了市场供需之间的要素匹配成本、缩短了匹配时间,促进了浙江出口贸易发展。电子商务作为一种新兴商务手段和信息沟通渠道,其最大的优势在于为中小微企业提供新的营销平台,在拓展贸易流量的同时也促进了旅游、物流运输、法律服务等服务贸易的发展。电子商务能够提升贸易流量,改变传统产业链嵌入模式,但是其本身并不具有调节出口商品结构的功能。机电产品出口10年占比上升3.5个百分点,高新技术产品出口占比10年下降1个百分点。换言之,如果一个外向型经济地区的产业结构或者出口商品结构是合理的,那么电子商务促成的大贸易流量将对这一地区的经济产生正效应;相反,如果前者不尽合理,则加大的贸易流量将会加速这一地区的资源消耗,并加重环境压力,对这一地区的经济产生负效应。因此,电子商务创造的经济正效应是以合理的产业结构为前提的。

5.3.2 出口制造业转型的现状和动力

民营企业占产业主体,总体转型缓慢

金融危机以来,浙江外贸出口制造业转型升级总体调整缓慢。从全省制造业比重来看,文化产业由于基数较小,呈现较大幅度的增长,纺织业略微下调,化工制造业和机电行业小幅上升,但机电、纺织服装两大类产品10年调整幅度在5%以内,总体调整缓慢。从规上制造业结构看,2013年纺织业占全省制造业比重为10.2%,较5年前下降了1.7个百分点,2013年化工制造业占全省制造业比重为9.8%,较5年前上升了2.8个百分点,其余20多个制造业行业的份额在5年中的变动都在1个百分点以内。2013年,与机电产品相关的电器机械及器材制造业、交通运输设备制造业、通用设备制造业、专用设备制造业、金属制品业和通信设备、计算机及其他电子设备制造业6个行业占制造业份额为34.5%,较5年前下降了1.8个百分点。2014年前三季度,轻工产品和文化产品出口占比分别为16.1%和1.2%,且增长较为明显,如图5-2所示。

对浙江省外贸贡献最大的经营主体当属民营企业,其次是外资企业,最后为国有企业。截至2013年底,在工商部门注册的中小企业已经达到1510万户,占全国企业总数的99%,中小企业创造了60%的国内生产总值,59%的税收和60%的进出口,完成了全国65%的发明专利,提供了全国80%的

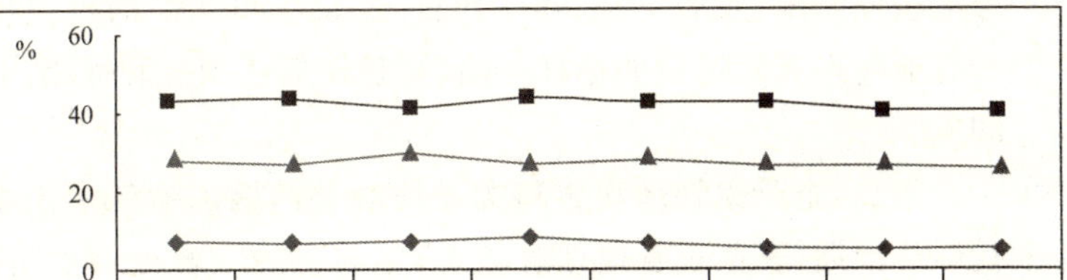

	2007	2008	2009	2010	2011	2012	2013	2014前三季度
—◆— 高新技术产品出口占比	7.9	6.9	7.4	8.2	7.2	6.6	5.7	5.6
—■— 机电产品出口占比	43.3	44.1	41.7	43.8	42.6	42.7	40.8	40.8
—▲— 纺织服装出口占比	27.8	27.4	29.9	27.6	27.9	26.6	27.0	26.3

图 5-2 2007—2014 年浙江省外贸出口商品结构变化趋势

城镇就业岗位。根据全省中小微企业培育监测平台数据报送情况，截至 2014 年 9 月底，入库企业数达到 22177 家，增速较快。民营企业经营受市场影响较大，转型缺乏动力，延后了整体产业转型，如图 5-3 所示。

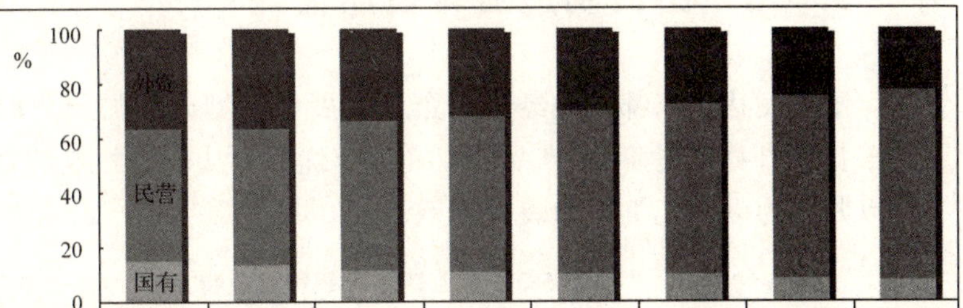

	2007	2008	2009	2010	2011	2012	2013	2014前三季度
■ 外资企业出口占比	36.8	35.2	33.7	32.2	30.2	28.1	25.0	23.0
■ 民营企业出口占比	48.2	51.7	54.8	57.5	59.8	62.5	67.0	69.5
■ 国有企业出口占比	14.8	12.9	11.3	10.1	9.8	9.2	7.8	7.3

图 5-3 2007—2014 年浙江省外贸出口主体结构变化趋势

升级动力主要来自市场和企业家信心

金融危机引发的企业资金链紧张的状况一直困扰着部分中小企业，导致企业家较少思考企业发展的问题。企业转型升级不能单靠市场力量，还需要政府的宏观调控和有力引导。浙江省企业转型升级的动力来源可以归结为以下两类。

第一，市场需求是外因。中小企业凭借灵活的管理模式和良好的增长性，加之国际市场对浙江产品的刚需，多数企业经受住了金融危机的考验。一些受访企业坦言，自 2008 年以来企业把更多的精力放在"生存"上，较少考虑企业未来“发展”的问题。换言之，订单对产品的普遍质量要求成为一个行业转型升级定位的标杆，这就容易使浙江制造升级陷入了一个“被动怪圈”。

第二，企业家管理观念和实业信心是内因。浙江中小企业进入了普遍代际传承期，企业家管理理念较10年前有较大转变，但受内外部经营环境影响，企业家实业信心还有较大提升空间，亟须持续性激励政策的鼓励。例如，为迎接小众化消费和产品经济的来临，企业家需要根据战略年份跨度对企业产品内涵和品牌进行重塑、对企业架构和部门进行调整，这些变化都基于企业家信心，倘若信心不足，则会直接影响顶层设计，从而影响企业转型升级的步骤。

综上，从企业家自身入手可以找到更大的升级动力，改变传统的经营理念，可以寻求更高市场需求层次的外因支撑。

5.3.3 出口制造业转型途径

国外发达国家都曾经经历过企业发展和转型升级的历史时期，其关键在于找准自身发展阶段、产品特点和企业优势。从转型特点的角度来划分，可以归纳为以下几类。如表5-所示。

表5-3　企业转型升级种类及特点

企业转型种类	特点
延伸式转型	按照T型发展模式，找准支点，进行延伸
多元化转型	从单一业务转向其他行业或领域
聚焦式转型	从大而全、小而全，转化为大而专、小而专
兼并式转型	通过兼并其他企业提高竞争力
升级式转型	从低端产品为主转向中高端产品为主
差异化转型	从大众化产品转向小众化产品
特区式转型	通过试验田来降低整体转型的风险

资料来源：由笔者自行整理。

2014年经济基本面数据显示，总体经济发展已进入中速期。比较而言，网络经济发展较为迅速，为成为下一个经济增长极而蓄势待发。浙江省制造业以中小微民营企业为主，多年来订单拉动下的发展方式已经给产业发展带来了诸多问题，结合新形势下商务发展特点，有以下几类转型途径可供参考选择。

从制造思维向营销思维转变是产业升级前提

中小企业作为产业主体，多年来，订单数量是刺激产能增长的主要推手，产能增大能够有效降低单位产品的固定成本，实现生产规模效应，从而能够与市场中其他企业进行同质产品价格竞争，低成本战略和激烈的产业内竞争由此而来。代工生产方式赢取订单的主要砝码来自逼近红线的利润率、出口退税和相关补贴等，导致市场竞争的无序和经营生态的脆弱，中小企业的独特优势在以量取胜的出口产品面前黯然失色，同时也出现了许多以次充好和假冒伪劣的质量问题。在这种 OEM(委托代工)制造业思维的框架下，中小企业总是处于市场弱势。因此，产业转型升级应该从制造业思维转变为营销思维，刺激产业层级多样化，将规模制造的标准化产品市场交给具有比较优势的大型生产企业，将个性化产品市场交给中小企业。

以营销的观点，在一个经济发展较为成熟的区域内，创造市场比发现市场更具盈利潜力。电子商务正是印证了这点，随着 B2B、B2C、C2C 和移动营销的发展，创造了产品的个性化定制和小规模生产的蓝海市场。中小企业在既定的企业规模下，转变经营思路是转型升级的前提，发展特色化道路是可选途径之一，而提升企业规模则应该视为企业发展过程中的一种自然形成，而不应是一种强求。换言之，产品经济正在被市场孕育，与传统的商品经济将同时存在。小众化消费时代的来临，产品被赋予了更多附加值，例如情感、文化和个性等元素，使得“非规模”的生产也能够获得经济利润。中小企业灵活的经营机制、年轻化的员工团队和与生俱来的市场洞察力都是其优势所在，结合互联网优势，创建市场辨识度较高的企业文化，以产品设计为运营主线，将盈利点放在小众市场。

形成优势互补的产业布局是升级关键

制造业产业中各主体之间应形成优势互补的格局。目前中小民营制造业企业仍以小订单 OEM 为主，受外部环境的影响，普遍面临着订单不稳定和同质企业间价格竞争的问题。中小企业的优势在于灵活性和创新性，设计应被提升到战略高度，逐步由 OEM 过渡到 ODM(设计加工)经营方式。企业在加大设计环节投入的同时，也应该考虑如何提高设计创新和技术创新的市场进入壁垒问题，即通过知识产权保障企业产品优势，减缓竞争者复制的速度。同时，申请自有品牌也需要在这一阶段得到落实，企业通过设计等个性化元素来建立一个市场辨识度较高的品牌，是体现产品质量、保障产品附加值的有效途径。例如，浙江省某保温杯制造企业申请保温技术专利，为日本客商提供高质量产品的同时，有效制约竞争者，同时企业还以自有品牌进行产品销售，从而提升企业产品利润率和国内市场占有率。当设计部门逐步发展成为企业主要利润来源时，企业家则可以思考如何将企业经营由 ODM 转向 OBM 的问题。企业在这一阶段中可能会发展为单纯的设计中心或是品牌中心，将制造环节外包给其他 OEM 厂商。抑或者，由于良好的互补性和鲜明的特色，中小企业可能会被同行业的大企业兼并，中小企业可以分享到大企业的资源和平台，大企业则可以进行兼并式转型升级，达到双赢的状态。

综上，产业集聚是浙江经济的特色之一，集群企业产生了等量大型企业的产品量，提供了市场竞争环境下物美价廉的商品，却留下了比等量大型企业更少的利润额。为了满足订单而做大了的中小企业，是企业发展的常态，也是制造业思维下"薄利多销"式的经营理念，特别容易受到市场的冲击。政府在宏观调控的过程中，首先应该将不同企业规划和战略区别对待，例如选择性地培育中大型企业作为示范型制造业，其重点在于规模和市场占有率；同时也需要选择性地培育中小企业，其重点在于特色化、个性化和精细化制造，帮助其开拓小众市场。其次，需要加大对中小企业业主培训力度。近年来，对中小企业业主的培训投入逐年加大，例如浙江省商务厅、浙江省财政厅对中小企业提升国际化经营能力划拨扶持资金等扶持政策，收到了良好的效果。最后，政府需要为企业对接提供服务平台。例如，杭州中小微企业的 3 大集中领域是文化创意、信息软件和电子商务，它们代表了新型产业发展方向。其外围市和地区应该形成圈层结构，通过服务平台，方便中小企业自主与杭州对接。

5.3.4 其他典型外向型经济省份的经验借鉴

2010 年，苏州和东莞市被国家商务部、人保部和海关总署联合评定为全国加工贸易转型升级试点城市，江苏省和广东省走在了企业转型升级的前列。因此，本部分以江苏省和广东省为例，从比较产业和外贸政策为切入点，分析产业结构调整和出口商品结构优化问题。

江苏省

江苏省中小企业占全省工业企业总数的 99%以上，全省 GDP 的 6 成以上由中小企业创造。10 年间，民营中小企业经历了转型的阵痛，摸索出了一些适合当地实情的转型路径，如图 5-4、5-5 所示。

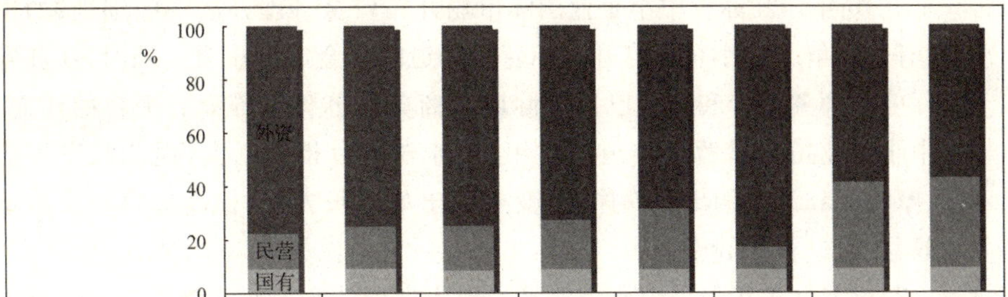

	2007	2008	2009	2010	2011	2012	2013	2014前三季度
■ 外资企业出口占比	75.47	72.84	73.24	70.80	68.53	62.01	58.71	57.12
■ 民营企业出口占比	13.02	15.13	16.03	18.20	22.90	29.32	32.46	34.03
■ 国有企业出口占比	8.63	9.21	8.57	9.04	8.57	8.67	8.84	8.85

图 5-4　2007—2014 年江苏省外贸出口主体结构变化趋势①

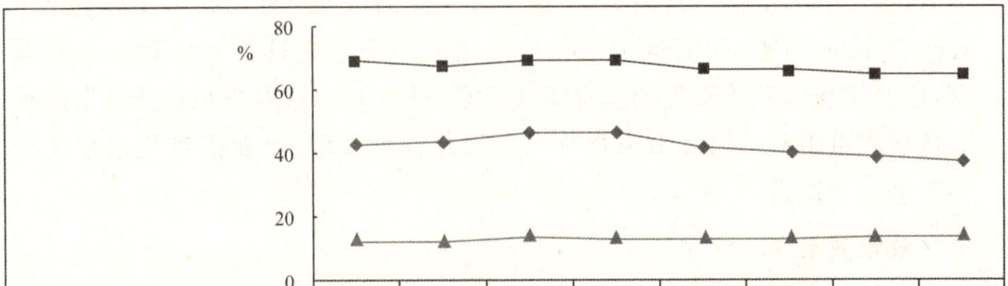

	2007	2008	2009	2010	2011	2012	2013	2014前三季度
—◆— 高新技术产品出口占比	42.57	43.77	46.66	46.53	41.34	39.85	38.75	37.58
—■— 机电产品出口占比	69.48	67.79	69.67	69.66	66.47	66.26	65.19	64.49
—▲— 纺织服装出口占比	12.44	12.27	13.14	12.41	13.07	12.54	13.29	13.62

图 5-5　2007—2014 年江苏省外贸出口商品结构变化趋势

政策分析

2007 年，为响应上一年度商务部办公厅关于印发《商务部关于开展“品牌万里行”宣传推广活动的实施意见》，江苏省将品牌发展专项资金的投入提上了政府历年工作日程，并出台了《江苏省品牌发展专项资金管理暂行办法》。此后，每一年都会进行省出口名牌企业的评选工作。2011 年，江苏省开始培

① 集体企业 2007—2010 年间出口平均占比为 2.40%，2011 年改制后未进入统计口径。因其占比较小，未在图中显示。

育和发展国际知名品牌，并出台了《江苏省名牌战略“十二五”发展规划》。

2010年，《江苏省中小企业国际市场开拓资金管理办法实施细则》的出台，有效缓解了中小企业打开国际营销渠道的资金成本压力。同时，江苏省国际电子商务平台和阿里巴巴国际电子商务江苏分站等商务平台的建立，为中小企业拓宽了营销渠道。同年，江苏省出台相关制度，规范汽车零部件、摩托车和汽车的出口秩序，转变产品出口增长方式，提高出口增长质量和效益，促进行业健康发展。

2012年，《关于促进中小企业平稳健康发展的意见》《关于进一步促进中小企业发展的实施意见》《关于改善中小企业经营环境的政策意见》和《关于开展中小企业服务年活动的通知》等一系列政策文件先后制定出台，全省中小企业的发展环境不断优化，转型升级步伐明显加快，发展后劲进一步增强。

2014年，中小企业信息技术服务平台建设提上日程。统计数据显示，我国中小企业信息化市场规模约2000亿元，且年均增长率近20%，使其成为软件开发商、电信运营商和IT服务商关注的市场目标。我国注册中小企业约有4600万家，但有能力进行信息化的中小企业只有800万—1000万家，已经实现信息化管理的只有200万家，只有4%，这对中小企业的发展壮大造成严重阻碍。因此中小企业管理规范程度较低，企业信息化水平还有待于进一步提升。

政策效果

金融危机以来，江苏省中小企业发展的问题和困难均有不同程度的缓解和改善。当地总结了3点经验：首先要推动科技创新，加快中小企业转型升级；扶持中小企业大力发展新能源、新材料、生物技术和新医药、节能环保和传感网等新兴产业；支持中小企业进行技术改造，支持重点节能减排项目，加强企业与科研院所的对接。其次，创新服务模式，增强生产要素供应保障。最后，采取得力措施，加大对中小企业的扶持力度。全面清理和整顿强制准入的中介服务收费、垄断性经营服务收费和越权设立的事业性收费，把“减、免、缓、停”的收费项目清理到位。

广东省

广东省拥有与香港、澳门接壤的特殊地理优势，享有较大的扶持和激励政策，近年来在产业和外贸结构优化方面有较大成果。

政策分析

自金融危机以来，广东省出台了一系列应对措施，以缓解海外订单快速下滑带来的产业生存压力。同时，后危机时代也给广东省打开了产业转型升级的窗口期，为经济发展注入了新能量。

2008年，东莞被确定为广东省加工贸易转型升级试点城市。制定了一系列助推企业转型升级的政策措施，其中最具典型的是成功摸索出了来料加工企业不停产转型的路径，大大减轻了企业的后顾之忧。《东莞市推进加工贸易转型升级工作方案》和“五个10亿元”的转型升级资金的启动，产业逐步重新定位价值链。

2009年，国务院正式批复《横琴总体发展规划》。横琴成为珠海、广东乃至全国的“创新孵化器”，一系列优惠政策均充分体现了“比经济特区更加特殊”的特殊性。

同年，广东省外经贸厅协助省政府出台了《关于促进加工贸易转型升级的若干意见》和《广东省支持港澳台资企业应对国际金融危机和加快转型升级若干政策措施》，并制定了《来料加工企业原地不停产转型的操作指引》和《关于推进外商投资、加工贸易企业扩大内销工作的指导意见》等文件，积极为推动制造业产业升级出谋划策。次年，东莞成为全国加工贸易转型升级试点城市之一。

2010年，为进一步落实《国家质检总局广东省人民政府共同推动珠三角地区改革发展规划纲要实施促进广东经济和质检事业科学发展备忘录》，广东省出台了一系列举措，推动加工贸易转型升级。

2012年，粤港合作大背景下，港澳服务业为广东制造业转型升级注入鲜活动力。服务业对港澳开放在广东先行先试，取得经验再逐步推广至全国，已成为实现内地与港澳服务贸易自由化的重要路径。广东已编制率先基本实现粤港澳服务贸易自由化规划纲要及行动计划，为实现内地与港澳服务贸易自由化继续探索新经验。同时，为贯彻落实《海关总署关于促进外贸稳定增长的若干措施》，广州海关出台了《广州海关进一步推动加工贸易转型升级十五项措施》，进一步提升服务业在加工贸易转型过程中的重要性。

2013年，为促进先进制造业加快发展，广东省制定了《广东省关于发展创业投资促进产业转型升级的意见》和《广东省战略性新兴产业创业投资引导基金设立方案》、组织开展第二批省级战略性新兴产业基地认定工作。同年，广东省发改委研究制定了《关于促进服务业投资发展的若干意见》和《广东省现代服务业集聚区建设指导意见》，并认定第二批40个省级现代服务业集聚区，争取国家支持广东省2013年服务业引导资金项目25个，推进国家服务业综合改革试点。第二产业是广东经济的基础和中流砥柱，尤其在我国制造业的劳动力红利时代行将结束的背景下，制造业的转型升级是广东实现产业竞争力长期稳定提高的关键一环。

政策效果

经过多年的政策扶持，广东省在企业转型升级方面还是取得了较为丰硕的成果。广东高技术制造业占比从 2007 年的 20.4%提高到 2014 年上半年的 25.5%，先进制造业占比从 2007 年的 45.1%提高到 2014 年上半年的 48.5%，这对优化广东工业产业结构、保持经济持续稳定增长发挥了重要作用。2011 年，广东加工贸易实现“六大转变”：一是市场结构由单一依赖国外向兼顾内外两个市场转变；二是产业链条由短向长转变；三是生产模式由 OEM 向 ODM、OBM 一体化转变；四是经营主体由单一向多元转变；五是产品附加值由低向高转变；六是监管模式由传统向现代转变。

2013 年，服务业成为广东加工贸易转型升级的助推剂：一是联网监管电子账册令 2 天备案时间缩短为半小时；二是平均每家企业节省外发加工周转资金 94 万元；三是对 21 家重点示范企业实施个性化服务措施；四是推动不同区域保税加工、保税物流产业同步发展；五是进出口企业平均通关时间缩短 18%。2014 年上半年，广东省产业结构不断调整优化，服务业比重同比提高 1.5 个百分点，全省工业技改同比提高 2.5 个百分点。产业及行业结构优化向现代、高端方向调整，如图 5-6、5-7 所示。

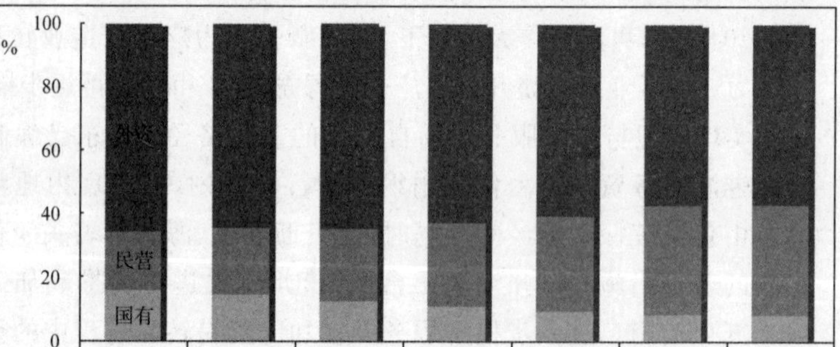

	2008	2009	2010	2011	2012	2013	2014前三季度
■ 外资企业出口占比	63.75	62.35	62.19	61.06	59.32	56.15	55.74
■ 民营企业出口占比	17.67	19.97	22.04	24.78	28.93	33.49	33.47
■ 国有企业出口占比	15.16	13.44	12.03	10.67	9.03	7.93	7.92

图 5-6　2007—2014 年广东省外贸出口主体结构变化趋势①

① 集体企业因占比较小，未在图中显示。

以上变化说明，结构调整、转型升级，并不就意味着企业的退出和破产、经济的倒退和收缩；相反，符合科学发展的结构调整、转型升级必将推动产业的现代化，形成新的经济增长点，提升经济发展竞争力。

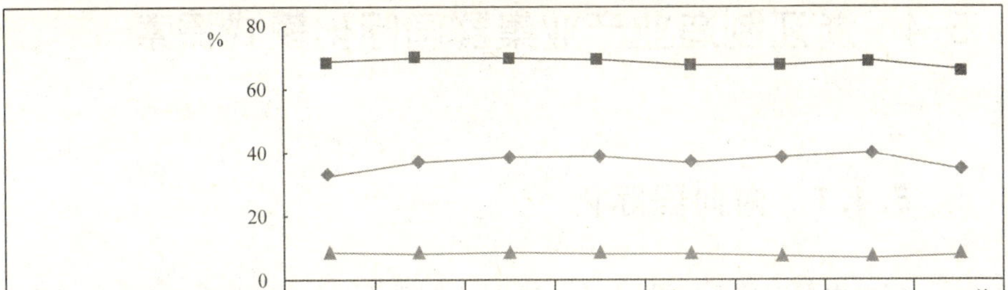

	2007	2008	2009	2010	2011	2012	2013	2014前三季度
◆ 高新技术产品出口占比	32.79	36.80	38.83	38.69	37.13	38.56	40.29	34.65
■ 机电产品出口占比	68.59	70.17	69.70	69.66	67.62	67.83	69.08	66.07
▲ 纺织服装出口占比	8.85	8.45	8.63	8.30	8.03	7.43	7.06	7.65

图 5-7　2007—2014 年广东省外贸出口商品结构变化趋势

5.3.5　基本结论与主要启示

金融危机至今，浙江出口一直保持平稳快速发展，但出口商品结构却相对调整缓慢，民营企业产品结构成为产业结构调整主要瓶颈。因此，下一阶段的外贸出口调整政策，需重点关注以下几个方面。

第一，提升产业回报率，引导民营企业开拓小规模生产蓝海市场。随着电子商务的发展和移动终端的普及，消费者行为和消费习惯发生了巨大变化。以 2009－2014 年的“双十一”电商销售额为例，其平均增长率为 515％，不难发现，新的人口红利被激发。精细化、个性化、小批量和高灵敏度的市场需求，使得“非规模经济”成为可能，这些都恰好成为中小企业发展的新机遇。作为全国电子商务发展的领头羊省份，产业转型应该结合主体和商务特点，加大力度扶持中小企业开拓蓝海市场，提升整体产业回报率。

第二，规划产业定位，引导产业主体间形成优势互补格局。浙江传统出口商品在国际市场的竞争优势一直存在，并且在一定时期内很难被机电和高新产品取代，因此我们需要引导传统制造业按照提升价值链和延长产业链的方式进行转型。将制造业产业内不同类型企业规划和战略区别对待，选择性地培育大型示范型制造业企业，选择性地扶持特色化中小制造业企业，并引导他们的定位形成优势互补。此外，需要加大对中小企业业主培训力度，同时为企业对接提供服务平台。

5.4 浙江制造业产业集群国际化模式探索

5.4.1 内向国际化

集群内向型国际化模式可以认为是集群主要以国内市场为依托，通过引进国外产品先进技术、管理经验，利用外资进而寻求大型跨国公司到集群内部扎根，发展集群内企业与外资企业的配套等形式来提升集群的整体技术水平和竞争能力，以获得持续发展的动力，即“集群引进来战略”。集群内向型国际化模式的主要表现是大量利用外资同时也包括进口、购买技术专利特许经营、国内合资合作等方式；诚然通过大量引进外资可以迅速提升集群的国际化水平，但此种国际化模式最初只是凭借廉价的要素资源来吸引外资并非有根的本土企业。而外资总在不断寻求最佳的性价比地区以获取更高利润，所以当集群资源优势丧失时，这些外资很快就会发生迁移因而容易成为一种“松脚型”(Foot-Loose)的内向型国际化模式，如果外资撤离后集群企业还没发展起来，原先想借助内向型国际化来促进外向型国际化的战略就会失败，集群经济也会面临着产业空心化的威胁，因而集群在吸引外资过程中应主要引进附加值较高的、对成本不敏感的高端外资，同时加快集群内企业的国际化进程通过“干中学”积累大量技术和管理诀窍，从而增强集群的国际竞争力，为集群向外向国际化模式过渡奠定坚实的基础。

5.4.2 外向国际化

尽管从动态的角度看，内向型国际化和外向型国际化贯穿于集群国际化的整个过程，但从整体发展阶段来看，集群外向型国际化是其内向型国际化发展的结果。集群外向型国际化则可理解为集群内企业“走出去”向国际市场提供产品、技术、资金、管理等一系列生产要素，以实现研发、生产、营销各阶段国际化的过程，即集群“走出去”战略。

按照内部化理论[①]的解释：产业集群外向型国际化主要包括产品直接或间接出口、技术转让、对外投资、许可证贸易、国际分包工程、国外合资合营建立国际战略联盟等市场方式。同时课题组根据集群在全球产业价值链中所占据地位，将外向型国际化分为低端外向型国际化和高端外向型国际化。在低端外向型国际化下，产业集群只是单纯依靠价格优势向外出口产品或者进行技术转让和许可证贸易等低级形式，出口产品附加值和技术含量较低。而在高端外向型国际化下，集群内企业竞争方向从价格优势转向提高生产效率，为了加大对目标市场的影响进而采取对外投资、国际分包工程、国外合资合营、建立战略联盟等高级形式逐步在国际产业和贸易中心设立企业境外研发机构、生产基地和企业境外销售网络。显然，低端外向型国际化集群主要通过量大面广，低成本低价格的优势参与国际竞争，极易冲击别国市场引致国际社会的排斥和联合打压，面临贸易保护主义壁垒的巨大阻力，而高端外向型国际化规避了这一风险，有利于抢占全球价值链的研发和品牌高端环节。

5.4.3 综合国际化

无论是外向型还是内向型国际化，都是一种单向度的发展模式。事实上，产业集群国际化发展脉络更多地表现为一种双向并重的发展过程。这不仅要求集群要立足本国，积极面向世界“敞开国门”吸收引进外资，同时也要积极地走出国门，在国际市场上设立营销机构或营销网络，带动产品、技术以及服务出口嵌入全球价值链，积极参与国际分工。

本课题组认为，综合型国际化发展模式是集群国际化发展的理想性模式，可以理解为产业集群在国际化发展过程中既注重输出也注重引进，在引进的同时重视国际化与本土化的融合，实现集群内本土企业的国际化和集群内外资企业的本土化。本土化与国际化之间是一种辩证的关系：本土化是集群的根基，也是区域竞争力形成的基础，国际化是集群发展的需要和方向，也是集群辐射力增强的本质表现，两者有机结合能够集结成强劲持久的国际竞争优势。前文对国际化方式的划分仅仅是对集群国际化发展模式的规律性描述，存在在逻辑上的递进关系。但在某些集群国际化发展模式的

① 又称“市场内部化理论”，是英国学者巴克利(Peter. J. Buckley)等人建立的跨国公司的一般理论。

实践中会出现一定程度的交叉和联系。也就是说，产业集群国际化发展模式之间并非完全孤立和泾渭分明。

5.4.4 跨境电子商务全产业链模式

过去30多年，中国经济快速发展，已经是世界第二大经济体，而且全世界的经济研究机构普遍预测，中国将会在不远的未来超越美国，成为全球最大的经济体。然而，就在金融危机过后的这几年，人们清醒地认识到，光靠虚拟经济达不到真正意义上的经济转型，科技创新结合产业升级实现制造业的"两化"深度融合才是中国实业兴邦的正道。

在这样的背景下，在发达的互联网经济的基础上，以大数据、云计算、移动和社交等新一代IT技术为突破口，驱动大规模、活跃的市场创新、应用创新和业务模式创新，成为中国经济转型的关键路线。

然而，如何基于互联网发展基础构建工业发展全产业链集聚；如何推动传统工业企业转型升级，成为基于大数据产业链闭环生产的智能企业；如何收集和分析设备、人、机器、流程、生态链上的海量数据并进行有效转化，是实现我国"两化"融合、"互联网＋"战略的焦点难题。

越来越多的迹象表明，将传统的网络交易扩展到深层次跨境电子商务平台，依托物联网、云计算、大数据构建全球贸易产业链闭环，具有重要的实践价值，具体表现在：(1)有利于构建全产业集聚闭环，重构企业内部的组织架构，生产、经营、融资模式以及企业与外部的协同交互，实现产业间的融合与产业生态的协同发展，顺应产业链重组趋势，提升产业整合度；(2)有利于主动应对全球贸易新格局，打造国内中小企业走向国际市场、全球中小企业进入中国市场的重要平台，充分利用我国巨大消费市场和强大制造能力，以及电子商务的独特优势，联合全球中小企业形成规模集聚效益和经济话语权，通过探索构建"网上WTO"，实现从贸易大国向贸易强国的转变；(3)有利于探索建立"网上丝绸之路"，跨境电子商品平台旨在搭建一个与周边城市紧密经贸关系的"网上统一市场"、搭建一条与周边国家紧密经贸关系的"网上丝绸之路"，与"一带一路"形成线上线下互动、国内国外互动，共同构建内外贸统一开放格局，加快推动形成政策沟通、道路联通、贸易畅通、货币流通、民心相通的新兴活力经济带；(4)有利于传统产业和中小微企业转型发展。综合试验区建设有利于促进传统产业电商化发展，有效破解劳动力、土地等生产要素成本困境及资源与环境制约，有效降低国际贸易门槛，减少中间环节和交易成本，并有利于中小微企业培育自主品牌，增强国际竞争力，促进经济发展转型升级，为培育经济发展新动力探路；(5)顺应趋势，消除组织内部的封闭性和信息不对称，实现组织的透明化和内外部信息的交流；(6)有助于推动制造效率的提高，为企业带来新革命，重新挖掘企业发展潜力；(7)有利于围绕市场定位和核心优势，配置和优化社会资源，形成企业生态圈；(8)大数据分析成果显现，线上线下交互式平台显现实践证实，工业互联网的核心价值是数据收集后的分析挖掘，它带来的是企业整个生产决策的优化，甚至挖掘出以往不曾尝试过的管理创新。

5.5 浙江制造业产业集群国际化路径选择

5.5.1 传统"三阶段"国际化路径

"浙江经济奇迹"的产生不仅依靠微观层面的产权制度改革与创新，更依靠以中小企业为主体、特色产业为支柱的产业集群这种有效率的产业空间组织在浙江的兴起与快速发展。产业集群以同类产品生产企业及相关机构在特定地理区域大规模集聚为主要特征，依托基础设施、信息、技术及劳动力等资源的共享，形成庞大的配套分工协作、柔性制造和产业创新体系；其兴起与不断发展壮大已成为浙江工业经济发展的显著特色和创造浙江经济奇迹的强劲支撑。改革开放以来，浙江产业集群发展的3个重要阶段：市场国际化阶段、分工国际化阶段、要素国际化阶段。

(一)市场国际化阶段：浙江产业集群依托劳动力成本优势和集群先发优势，形成劳动密集型消费品的区域性配套分工协作体系和强大的生产制造能力，实现劳动密集型产品的市场国际化。代表性产业集群包括义乌小商品产业集群、绍兴纺织产业集群、平湖服装产业集群等。

(二)分工国际化阶段：通过嵌入国际价值链分工，集聚大量为国外品牌厂商配套生产中间件的同类企业，形成出口导向的国际性产业集群。

(三)要素国际化阶段：产业集群内若干家龙头企业通过向全球市场吸引资金、技术、人才形成国际领先的自主研发能力和高附加值的国际品牌，构筑影响全球市场供求关系和价格形成的市场势力；人才与技术的国际化是这一阶段区别于前两阶段的重要标志。目前，浙江一些出口导向的产业集群内的龙头企业已通过海外上市、进口国际尖端生产设备、柔性引进国外研发设计人才等多种手段，向全球市场吸引资金、技术和人才，逐步形成具有国际领先地位的研发能力和技术优势，培育国际知名品牌。

随着2006年12月中国加入世贸组织过渡期的结束以及土地能源告紧、劳动力成本上涨、人民币升值加快、贸易摩擦加剧等，国内外宏观形势日益严峻，对于一般贸易占7成以上和纺织等劳动密集型产品出口大省的浙江来说，产业集群乃至整体工业经济的发展都面临着前所未有的考验，迫切要求作为浙江工业经济主要载体的产业集群跳出粗放型增长方式，加快转型提升，努力开创又好又快发展新局面。

5.5.2 新型“跨越式”国际化路径——国内价值链(NVC)的构建

在相当长的一段时间里，中国依靠丰富廉价的劳动力资源和自然资源，加入到由跨国公司构建并主导的全球价值链体系，在参与经济全球化的进程中实现了经济高速增长，一跃成为仅次于美国的全球第二大经济体。近年来，特别是全球金融危机爆发后，这种发展方式越来越显得不可持续。宏观层面的具体表现有：由于长期贸易失衡导致人民币汇率不断升值和贸易摩擦增加，高消耗、高污染的发展模式使得资源供给和环境承载能力难以为继，因过于依赖外需而受制于西方国家的经济形势，等等。微观层面的具体表现有：中国代工企业在国际大买家的压榨和俘获下始终处于“微利化”的境地；缺乏核心技术和自主品牌，成为“温水青蛙”而难以实现企业升级。因此，如何摆脱加入GVC体系带来的发展困境已成为我们不得不面对的问题。

让代工企业加入基于中国内需市场搭建的NVC，是效益最大化的扩大内需方式，这样可以避免扩大的需求变成对国外产品的需求而内需效益损失的局面。NVC是一条基于中国消费者的偏好、消费能力和消费文化培育起来的价值链，基于内需搭建NVC是将中国代工企业长期为国际大买家打工积累下来的生产经验和技术能力从国外转移到国内的过程，是将“国内生产—出口—进口—国内消费”的循环直接简化为“国内生产—国内消费”的过程。这样的方式，可以将整个产品价值链环节的利润全部留在国内，避免以往“芭比娃娃”式的不利于我国经济发展的格局。这里需要关注的问题是：在中国对外开放程度逐步扩大的进程中，如何构建具备与GVC竞争能力的 NVC，在国内战场上击败跨国企业和国际品牌？由于国内长期处于要素密集型的生产状态，技术密集型的产业环节缺失是一大短板。在这方面，需要考虑充分利用政府强有力的手来进行配置和协调，实现政、产、学、研的协同创新。

5.5.3 内向国际化和外向国际化并进

中国企业国际化的战略选择。企业国际化经营战略的选择包括两部分的内容：一是本公司的国际化战略；二是选择适当的国际市场进入方式。

国际化战略

企业的国际化战略是公司在国际化经营过程中的发展规划，是跨国公司为了把公司的成长纳入有序轨道，不断增强企业的竞争实力和环境适应性而制定的一系列决策的总称。企业的国际化战略将在很大程度上影响企业国际化进程，决定企业国际化的未来发展态势。企业的国际化战略可以分为本国中心战略、多国中心战略和全球中心战略 3 种。

本国中心战略，在母公司的利益和价值判断下做出的经营战略，其目的在于以高度一体化的形象和实力在国际竞争中占据主动，获得竞争优势。这一战略的特点是母公司集中进行产品的设计、开发、生产和销售协调，管理模式高度集中，经营决策权由母公司控制。这种战略的优点是集中管理可以节约大量的成本支出，缺点是产品对东道国当地市场的需求适应能力差。

多国中心战略，在统一的经营原则和目标的指导下，按照各东道国当地的实际情况组织生产和经营。母公司主要承担总体战略的制定和经营目标分解，对海外子公司实施目标控制和财务监督；海外的子公司拥有较大的经营决策权，可以根据当地的市场变化做出迅速的反应。这种战略的优点是对东道国当地市场的需求适应能力好、市场反应速度快，缺点是增加了子公司和子公司之间的协调难度。

全球中心战略，是将全球视为一个统一的大市场，在全世界的范围内获取最佳的资源并在全世界销售产品。采用全球中心战略的企业通过全球决策系统把各个子公司连接起来，通过全球商务网络实现资源获取和产品销售。这种战略既考虑到东道国的具体需求差异，又可以顾及跨国公司的整体利益，已经成为企业国际化战略的主要发展趋势。但是这种战略也有缺陷，对企业管理水平的要求高，管理资金投入大。

进入国际市场的方式

企业进入国际市场的方式可以通过进出口商品、许可协议、并购、合资以及建立新的全资子公司。每一种方式都有自己的优缺点，选择最合适的方式进入国际市场对于公司能否达成预订的国际化经营目标至关重要。

国际企业的全球化战略有一个渐进的发展过程。从初始阶段到完全的国际化经营阶段，国际企业的经营战略可以归纳为以下 4 种：产品出口战略，契约协议战略，对外直接投资战略，国际战略联盟。这 4 种战略表现了国际企业的纵向成长轨迹，但四者又不是可以完全相互替代的关系，而是既相对独立又相互依存的关系。

国际化道路不是一蹴而就的，也是分步骤和分阶段进行的，而根据每个企业的特点，选择的道路也会不尽相同。综观中国企业近几年来的国际化进程，大致可以将国际化道路分为 3 种模式：(1)海外办厂模式：早在 20 世纪 90 年代，海尔在美国、德国等当地建厂，直接在当地打品牌。作为近年来增长最快的志高，也相继在亚、非国家投资设立自己的生产厂。(2)资本运作的海外并购模式：如，联想并购美国 IBM 的 PC 业务，TCL 并购德国施耐德电器的彩电生产线、法国汤姆逊彩电、阿尔卡特手机等。(3)加工贴牌模式：一个典型的例子就是格兰仕。格兰仕借助海外品牌，通过委托加工贴牌，从而缔造了其微波炉帝国。

综观我国企业国际化的进程，从对国外技术引进提高生产能力和技术能力开始，到与国外市场发生联系进行偶然和零星的出口活动；再伴随着出口的增加，企业获取和掌握了更多的海外市场知识，出口活动开始通过海外代理商逐步稳定下来；随着海外业务的进一步扩大，就有必要建立自己的销售子公司；伴随着进一步发展，企业结合自身的所有权优势、区位优势以及全球分工的考虑，不断延伸现存的价值链，开始同海外公司组成战略联盟或进行直接投资；最终目标是成为真正意义的跨国公司，融入世界分工体系。渐进发展是我国企业国际化战略选择的一个显著特征，具体而言，又可以进一步归结为以下两条演变路线：一是市场区位的演变，国内市场——周边及发展中国家市场——发达国家市场；二是经营方式的演变，技术引进——出口——战略联盟——走出去。现实中我国许多成功企业在国际化的进程中也都无形中遵循着这一过程，例如，海尔的国际化战略历程。另外，透过一些企业在国际化战略选择的失误，也可以从反面来印证渐进性国际化战略的现实性。一些企业在国际化的进程中选择了跨阶段发展战略，但结果不甚理想，不得不做出一定的调整。如嘉陵摩托在1993年4月就进入美国市场，与美国TNC国际公司合资组建嘉陵摩托车（美洲）有限公司，但是在美国市场上连年亏损，并接近破产边缘。从1998年起，嘉陵摩托美洲公司将视线转移到拉美市场，先后投资200万美元，在多米尼加、哥伦比亚和阿根廷等国设立加工装配厂，以其产品质量较好、价格相对便宜，迅速打破日本厂商的垄断格局，开拓了拉美市场，并扭转了嘉陵摩托车（美洲）有限公司亏损的局面。同时，在墨西哥和巴西等地的装配厂也在筹建之中。还有一些企业超越现阶段自身的实力，在海外盲目地进行多元化投资，全面出击，进入自身不熟悉的领域，不仅海外投资失败，并影响到国内业务。总体上看，我国企业国际化战略进程中表现出的渐进性特征是与当前国际竞争本土化和自身实力相适应的。

5.5.4 培育高端“智造”产业集群

工业化与信息化融合是技术融合、产品融合、业务融合和产业衍生4个层次共同推进的新型工业化道路，是转变经济增长方式、实现创新驱动发展的国家战略。发达国家的经验是先工业化后实现信息化，而我国是在工业化进程中出现了信息化，如何协调好两者的关系，是极富现实意义的理论研究命题。

根据Gerchenkron(1962)提出的后发优势理论，相对于传统工业化发达国家，新兴市场国家可通过借鉴工业发展模式设计的经验以及技术引进采取工业化发展的优化战略，从而实现跨越式跃升发展。而工业信息化发展的后发优势将是中国制造业破除发展瓶颈，构建贸易投资竞争新优势的重要途径。信息化对经济发展的作用机制典型研究可以追溯到Aschauer(1989)，他的实证研究发现信息基础设施的改善可以通过降低交易成本来提高产出效率和规模。国内理论界早在20世纪90年代就曾提出工业化与信息化互补共进是历史的选择（乌家培，1993）。吴敬琏（2006）认为工业化与信息化融合本质是在实现工业化过程中做到信息化带动工业化、工业化促进信息化。

从现有文献看，国内“两化”融合的研究主要分为4类：一是工业化进程与水平的评估研究（武力等，2006；庞瑞芝等，2011），基本结论是中国处于工业化中期的后阶段；二是信息化进程与水平研究（黎雪林等，2003；国际统计信息中心课题组,2006),由于研究者采用不同的测算指标,评估结果且缺乏可比性(周先波等,2008;张彬等,2010);三是工业化与信息化融合的互动关系研究,姜爱林(2002)分析了中国信息化与工业化融合的必要性、可行性和互动关系,并有针对性地提出处理工业化与信息化之间关系的对策建议。俞立平等(2009)利用VAR模型研究发现,我国的信息化波动是影响工业化波动的主要原因,但工业化波动不是影响信息化波动的主要原因,该模型主要讨论两者关系而未涉及两者融合;四是工业化与信息化融合的路径和质量研究,谢康等(2012)等将随机前沿分析方法引入完全竞争和非完全竞争条件下的"两化"融合模型,发现信息化带动工业化路径与两者融合的相关性高于工业化促进信息化路径,融合对中国转变经济增长方式、三次产业结构调整不同程度的影响的研究。从浙江区域层面看,"两化"融合的研究多从案例分析入手探讨融合的程度、路径、问题和对策(如文君,2012),鲜有统计分析和实证研究。

当前,浙江省外向型经济受到国内要素结构变化和国际需求萎缩的双重制约,工业化发展进入改革攻坚时期。当前,浙江省两化融合发展环境有着显著的时代特征:(1)"工业4.0"的兴起,如图5-8所示。全球生产贸易格局发生了深刻变化,传统制造业与数字互联技术的融合,借助物联网、云计算和大数据等技术手段实现智能化生产。这场由德国兴起并上升为国家战略的"工业4.0"生产变革,正在全球掀起一股新的工业化浪潮。(2)"中国制造2025"的驱动。全球产业竞争格局也将出现重大调整,随着发达国家纷纷实施"再工业化"战略,重塑制造业竞争新优势,加速推进新一轮全球贸易投资新格局,为了顺应全球制造业发展趋势,积极应对竞争和挑战,"中国制造2025"定下了以"互联网+"战略助力制造业转型升级的主基调。国务院部署"中国制造2025"战略时强调要以信息化与工业化深度融合为主线,重点发展新一代信息技术、航空航天装备等高端装备制造。浙江省外向型经济的集群特征显著,根据Marshall(1890)的外部经济理论,产业集群有利于信息、技能、技术诀窍等在集群内企业间的传播。通过区域集聚形成有效的市场竞争,实现专业化生产要素优化配置,降低信息交流和物流成本,形成区域集聚效应、规模效应、外部效应和区域竞争力(Porter,1990)。因而信息化和工业化的相互促进可以通过产业集群载体来实现,以产业集群为依托的培育创新驱动高端制造产业链是加快产业结构转型升级和培育新经济引擎的重要路径。

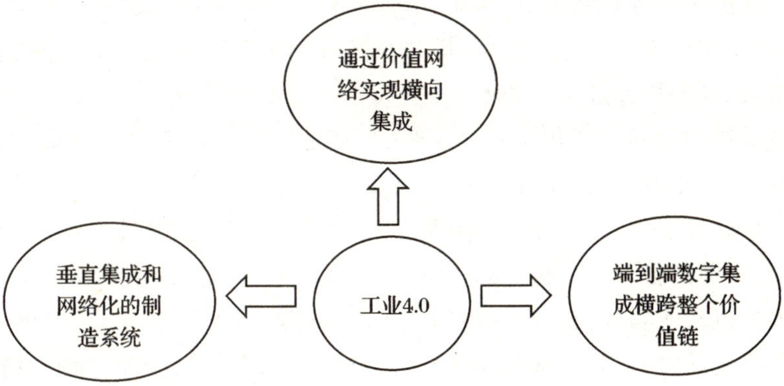

图 5-8 “工业 4.0”的三大核心特征

工业化和信息化融合的机遇

信息化和工业化的深度融合,开辟了一条“以信息化带动工业化、以工业化促进信息化”的新型工业化道路。根据工业与信息化部公布的《2014年中国“两化”融合发展水平评估报告》,2014 年我国“两化”融合发展指数为 66.14,同比增长 4.19%。其中,基础环境指数为 71.71,增长了 6.84%;工业应用指数为 59.70,增长 2.36%;应用效益指数为 73.43,增长了 5.16%。2011～2014 年,我国“两化”融合发展总指数分别为 52.73、59.07、61.95、66.14,年复合增长率为 7.85%。其中,浙江省综合“两化”融合指数仅次于江苏和上海,位列第三,较 2013 年上升两位。如表 5-4 所示,可以看出,浙江省基础环境指数排名领先,说明在大力发展信息经济和实施“四换三名”工程的背景下,生产和管理信息化为主导的信息系统应用得到普及。但是工业应用和应用效益两方面指数仍然不足,分列第三和第五,说明浙江省信息化和工业化融合仍处于投资建设阶段,主要信息系统的实际应用深度还不够,尚未获得相应的投资收益,距离信息化集成创新发展还有较大差距。

表 5-4 2014 中国区域“两化”融合发展水平排名前五(国家口径)

省市	总指数	基础环境	工业应用	应用效益
江苏	92.17	86.31	78	126.37
上海	90.89	90.08	80	113.46
浙江	86.26	93.01	75.33	101.37
北京	81.01	88.84	67.82	114.78
广东	80.35	89.77	54.03	126.21

资料来源:《2014 年中国“两化”融合发展水平评估报告》(工业与信息化部)。

从浙江省各地级市的“两化”融合水平及产业集群类型看，如表 5-5、5-6 所示，总体分为 3 个梯队：第一梯队是环杭州湾地区的杭州市、宁波市和绍兴市，总指数均超过 70，“两化”融合发展水平处于领先地位，该地区产业集群发展初期受到上海和江苏的辐射，有着较好的工业基础，走的是“苏南模式”的工业化道路，高工业化程度提高了投资水平，有力地促进了信息化。第二梯队是嘉兴市、湖州市、温州市、金华市、台州市，指数均在 60－70 之间，处于浙江省“两化”融合的中游水平，作为环杭州湾地区的嘉兴市凭借较强的信息产业以及工业经济整体实力，领跑第二梯队，温州市、台州市在产业集群发展之初，工业基础和国有经济薄弱，依靠民营企业的创业精神，走“专业市场＋家庭工场”的“温州模式”工业化道路，该地区多为资本密集型产业，相对于劳动密集型产业更具有信息化的成本优势；衢州市、舟山市、丽水市总指数低于 60，停留在第三梯队，舟山和丽水分别提高了 12.43 和 8.23，成为全省“两化”融合发展最快的地区。

表 5-5　2014 年浙江省各市量化融合发展水平排名(省份口径)

地区	总指数		基础环境	工业应用	应用效益
	2013 年	2014 年			
杭州	75.23	78.93	25.16	29.88	23.89
宁波	74.37	76.16	24.78	32.70	18.68
绍兴	62.72	70.09	22.94	35.70	11.45
嘉兴	63.41	68.06	25.39	30.33	12.34
湖州	63.30	66.68	23.00	31.87	11.81
温州	58.95	66.65	24.30	31.38	10.97
金华	58.87	63.11	25.05	28.00	10.06
台州	61.90	62.85	24.58	27.84	10.43
衢州	53.19	58.13	19.51	27.34	11.28
舟山	43.06	55.49	22.52	24.22	8.75
丽水	43.66	51.89	21.22	20.21	10.46

资料来源：《2014 浙江省区域“两化”融合发展水平评估报告》(浙江省经信委)。

从基础条件和应用深度来看，浙江省的“两化”融合正在迎来由信息化投资建设向产生实际效益的阶段，未来浙江省产业集群“两化”融合进程明显加快，企业信息化程度不断提高，信息技术应用从单项应用迈向集成应用，从单个企业应用扩大到产业集群的整体应用，具备了在更高水平、更深层次和更大范围上实现“两化”融合的基础。总体上看，浙江省各地级市“两化”融合的基础设施不断完善，工业应用不断深化，应用效益逐步显现，各地区间的差距正在缩小，发展水平集中度提高，呈现出良性竞争的势头。

表 5-6　浙江省三大区块的主要产业集群和主导产业

	环杭州湾地区	温台沿海地区	金衢丽地区
主要集群	1. 电子信息产业集群 2. 生物医药产业集群 3. 纺织产业集群 4. 石化产业集群	1. 轻工业产业集群 2. 汽摩配及机械设备产业集群	1. 轻工、纺织和生活杂品产业集群 2. 交通运输设备制造产业集群
主导产业	1. 通信电子设备制造业 2. 生物医药产业 3. 纺织及其关联产业 4. 石化产业	1. 电工电器产业 2. 纺织服装及皮革产业 3. 印刷塑料制品产业 4. 机械产业	1. 日用小商品产业 2. 五金机电产业 3. 食品加工产业 4. 建材产业 5. 日用化工产业

资料来源：作者根据浙江省商务厅、经信委报告及相关文献整理。

培育高端“智造”产业集群的路径

产业集群在促进区域内部企业衍生的同时，能通过集聚获取更多的外部资源，实现优化生产要素配置、降低交易成本、发挥产业关联作用等“自我强化”的过程。而以产业集群为依托的区域创新网络等高端“智造”产业集群的培育，依赖于现在制造业产业集群的转型和升级，升级路径主要包括基于区域集群网络的内部升级路径和基于全球价值链地位攀升的外部升级路径。全球价值链下产业集群升级的路径包括产品升级、工艺升级、功能升级和交叉产业部门升级（Humphrey，Schmitz，2002），升级的步骤包括嵌入价值链高端环节和价值链治理两个阶段，以信息化驱动集群创新网络，推动产业集群由传统加工制造向信息化集成智能制造转变，从而获得全球价值链治理权地位。从区域集群网络看，集群中企业、科研机构、大学等组织在创新网络构建过程中不断进行协作互动和集体学习，从而能够降低企业创新成本与风险，并提升集群创新活力（Lazerson，1998），浙江省制造业产业集群已经具备工业化基础，但就组织形态和产业关联看依然处于松散状态，通过信息化降低交易成本可加强产业集群内部治理的协同性和效率，实现创新升级。

基于区域创新网络理论、全球价值链理论以及信息化和工业化相关理论，本书提出信息化创新驱动下的“链网耦合”式升级机制，如图 5-9 所示。

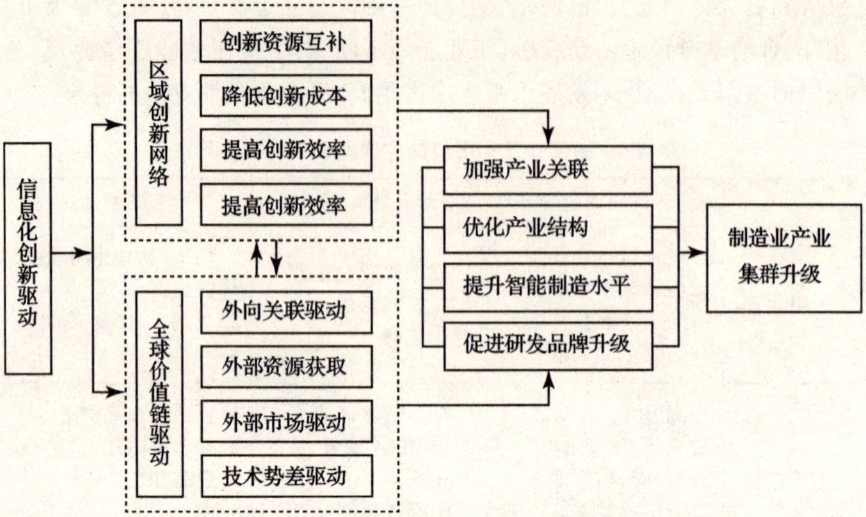

图 5-9 信息化驱动“链网耦合”式产业集群升级机制

依托于产业集群模式下的“两化”融合，要遵循浙江出口制造业集群发展的特点和规律，重点解决集群企业融合难题，从微观层面用信息化集成提升企业生产网络的协同水平，在中观层面用信息化手段将地区行业集聚成柔性合作网络，建立信息化创新驱动机制。

第6章 浙江制造业产业集群国际化发展典型案例比较研究

本研究选取部分入选《国家外贸转型升级专业型示范基地》的浙江制造业产业集群作为典型案例，从产业链的纵向控制情况、龙头企业实力、集群创新能力、生产性服务业发展情况、产业地区分割等来分析其产业集群的特点、现状与国际化程度，判断其发展阶段。然后从影响集群国际化的动力因素方面，分析典型案例集群在集群国际品牌与龙头企业品牌，电子商务平台与贸易融资平台、国际营销网络、国际化人才、资本国际化发展等各方面的建设情况并进行分析与问卷调查和案例比较，为提出浙江制造业产业集群国际化发展的对策做好基础。

6.1 集群企业国际化典型案例

6.1.1 正泰集团国际化——“稳扎稳打，三十而立”

正泰集团是全国最大的低压电器生产商之一，其国际化进程分为3个阶段：(1)建立合资企业，开拓国际市场。1991年，正泰利用国家对合资企业的政策扶持，成立“中美合资温州正泰电器有限公司”，以此为契机引进国外先进技术和设备，成功实施了内向国际化的第一步。面对外资企业进入本土市场对正泰产生了挤压，正泰迎势而上，开始实施“以香港为窗口、以亚太市场为重点，发展西欧市场”的营销策略，积极扩展海外市场，发展外向型经济。1997年，正泰获得进出口经营权，同年正泰DZ247产品获得国际认证，产品远销东南亚、中东、西欧等10多个国家。1999年正泰在美国硅谷注册成立了科研信息机构，在欧美、中东等地建立了办事机构和营销网点，为开拓进一步国际市场奠定了基础。(2)产业链横向整合,建立海外销售网络。加入世贸组织之后,正泰认识到企业的国际化并不是简单的产品外销,而是技术、管理、人才、品牌等全方位的国际化,从而确立了“国际化、科技化、产业化,打造世界一流电器制造企业”的发展战略。正泰各子公司分别组建了低压电器、输配电、仪表、汽配等国际贸易部,引进国际化管理人才。(3)2008年,正泰借国际金融危机,实施“人才抄底”战略,从美国泰科、应用材料、第一太阳能、英国石油公司等世界一流企业引进一大批技术专家和管理人才,进军太阳能新产业,通过引进高端技术和集成在创新,正泰打通了从太阳能电池高端制造装备、太阳能电池到光伏逆变器等光伏并网设备供应商。

6.1.2 尹氏集团国际化——“用品牌设计铸就桑巴梦”

尹氏集团成立于20世纪90年代初,身负传奇创业经历的董事长尹霄敏已经成为现在的“风云浙商”。尹氏集团的国际化主要要有两个手段:海外落地和品牌打造。经营日用小百货出身的尹霄敏深知品牌是企业的核心竞争力,在巴西尹氏集团成立的第二年(1996年)就下定决心打造自己定位中高档的特色品牌“尹氏”。为了塑造“尹氏”箱包的独创性,公司重金聘请了巴西知名设计师设计专属款式,从而成功吸引了当地中产阶层时尚男女的眼球。如今,尹氏品牌的箱包已经遍及巴西各地的中国商城、购物中心、连锁超市和专卖店,占据了当地箱包市场的10%—15%的市场份额。尹氏集团的国际化战略正在从“走出去”逐步延伸到“回流”,从中国到巴西再回到中国,为两个金砖国家之间的经贸交流做出了巨大的贡献。如今尹氏集团在巴西市场占有一席之地,企业还热心参与当地社会建设和慈善事业,传播中国文化,树立了良好的中国企业形象。

6.1.3 TCL国际化——“并购和全球营销的领军者”

TCL集团国际化的第一步是1998年成立海外业务部,并在越南投资办厂,后来逐步把市场扩展到印度、俄罗斯、印尼、泰国等东南亚国家,逐步在东南亚和中国周边建立起自己的业务体系。早期,由于当时东南亚文化的地缘优势和地域优势,TCL选择在越南进行绿地投资。2004年收购法国汤姆逊,通过跨国并购来布局全球业务,获取了大量国际化的经验:包括整个工业的整合、当地团队的建设、整个渠道的沟通。同时收购了阿尔卡特手机业务的合同。这两大跨国并购，使得 TCL 业务迅速从周边市场进入欧美主要市场。在 TCL 国际化运营中，在风险管控和风险防范意识逐步加强，并深刻意识到现代企业的竞争绝不仅仅是产品竞争，更重要的是价值链竞争。2011 年 10 月，TCL 实现了拥有液晶显示全产业链的战略目标，同时也改变了我国液晶彩电产业核心部件对外依赖进口的现状。截至 2012 年 7 月，TCL 的全球品牌定位包括出货量的排名跻身第五。经过十几年的国际化洗礼，如今 TCL 已经建立了全球供应链，完善了全球生产布局。

6.1.4 越美集团——集群式“走出去”的典范

越美集团是一家传统纺织产业民营企业。稳健进取型的国际化战略深刻地改变了越美，使其突破了传统纺织行业的瓶颈，顺利实现了国际化转型。2000 年，面临财务危机的越美在尼日利亚开设销售公司，顺利打开了一片“蓝海”般的当地市场。2004 年，面临东道国进口禁令的越美在尼日利亚建设贸易加工企业，成功规避了相关贸易壁垒并由此向欧美市场进军。2007 年，面临单个企业缺乏产业优势的越美在尼日利亚兴建纺织工业园区，整合国际资源打造出一条完整的上、下游产业链。2011 年，越美集团在马里以并购增资的方式投资 9920 万美元，收购了一家国有棉花公司，控制了该国 80% 的棉花种植和收购，以尼日利亚为东道国，越美在一次次企业危机中迈出“走出去”的步伐并迅速成长，在 10 余年的时间内由 2000 年销售额不足 4000 万元的中小企业成长为 2012 年销售额 37 亿元、拥有多家境外公司的跨国企业。越美“集群式”走出去的国际化模式堪称典范。

国际化动力与模式

从以上正泰集团、尹氏集团、TCL 集团、越美集团的国际化案例中，我们可以总结出集群企业国际化的 4 种典型模式：合资共建全球营销网络、绿地投资开拓海外市场、跨国并购占领市场份额、集群式走出去寻找“蓝海”，如表 6-1 所示。企业选择的国际化模式依赖于本地产业集群的组织资源和环境资源、本地企业网络资源、生产分工资源、企业家特质、路径依赖和外部环境所决定的企业国际化的竞争优势和动态能力与全球价值链治理目标耦合作用。

以 TCL 集团为例，惠州家电产业集群是 TCL 集团早期的孵化基地，正是在集群网络中崭露头角的企业率先走上了国际化的道路，TCL 依靠在集群中形成的资本竞争优势和领先的国际化视野等方面的动态能力，确立了层级型价值链治理结构，从而选择了全球并购和多品牌差异化产业战略的国际化模式。而越美集团在本地拥有相对较为完整的上下游产业链，其国际化依赖于在本地产业集群中积累的竞争优势和能力，同时也受到要素资源和市场的瓶颈制约，在一步步尝试中，从贸易到绿地投资过程中积累了国际化经营的经验和关系网络，最终通过集群式落地海外打开了一片“蓝海”。

表 6-1　典型集群企业国际化动力、模式和全球价值链治理结构

集群企业	国际化动力	国际化模式	全球价值链治理
正泰集团	国家对合资企业的扶持 “温州精神” 集群内企业的竞争 本地集群网络的资源 外资企业的市场挤压	两阶段国际化： 1. 建立合资企业，开拓海外市场 2. 构建全球营销网络，产业链横向衍生	已经完成从市场型向关系型的转变，并通过合资手段实现准层级型的价值链治理
尹氏集团	1. 企业家精神 2. 市场需求 3. 品牌特质	绿地投资 需求导向的品牌设计 产品回流国内市场	市场型治理
TCL 集团	1. 企业家国际视野全球战略思维 2. 寻求海外市场 3. 惠州产业集群的资源	多品牌市场战略 区域中心战略 高投资高协调战略	通过跨国并购迅速打开海外市场，实现层级型价值链治理
越美集团	1. “蓝海战略” 2. 寻求生产资源和要素 3. 企业家精神和特质 4. 集群网络关系	三步走战略 1. 贸易国际化 2. 海外投资办厂 3. 集群式产业转移	已经完成从市场型向准层级型转变，试图通过收购海外企业向层级型治理模式转变

从本质上看，企业国际化经营不外乎对外贸易和直接投资、跨国并购 3 种国际经济合作的基本形式，及其衍生出的多元化国际战略组合。当前学术界前沿则用企业异质性来解释企业贸易和投资行为和决策，新新贸易理论(Melitz,2003)认为，生产率高的企业适合选择绿地投资的方式进入东道国，而生产率低的产业适合选择跨国并购，同时对于贸易和投资的抉择还与 FDI 的固定成本有关，FDI 利润高于出口利润，企业会进行对外直接投资以赚取远高于出口贸易的利润；而当 FDI 利润低于 FDI 所需的高额固定成本时，企业将会自动选择出口，这就是企业国际化行为的“自我选择”机制。表 6-1 列举的是集群企业国际化的 4 种典型模式，每种模式的选择对于企业来说都存在一定的自适应性和路径依赖，即企业的国际化战略决策不仅与企业的生产率、成本函数、规模等异质性相关，也与自身的成长路径以及全球

价值链治理目标密切相关。

6.2 典型集群国际化成长路径

6.2.1 安吉椅业产业集群

据最新数据统计，安吉县现拥有椅业生产企业（包括椅业配件企业）736家，其中规模以上企业154家，年产值超亿元企业19家，并形成了恒林椅业、利豪家具、大康椅业、永艺椅业、强龙椅业等一大批规模型、品牌型、科技型企业。全县年产各种椅子3500万把以上，主导产品五轮转椅市场销售量占全国同类产品的35%左右。销售网络覆盖全国所有省、自治区、直辖市，连锁店、办事处、销售代理商等达到千余个。

发展历程

安吉椅业产业集群30年的发展历程，大致经历了初创阶段、调整阶段、扩张阶段，国际金融危机以来进入加快转型升级阶段，可归纳如图6-1所示。各阶段在技术、产品和市场等方面的竞争焦点和特征各不相同，可归纳如表6-2所示。

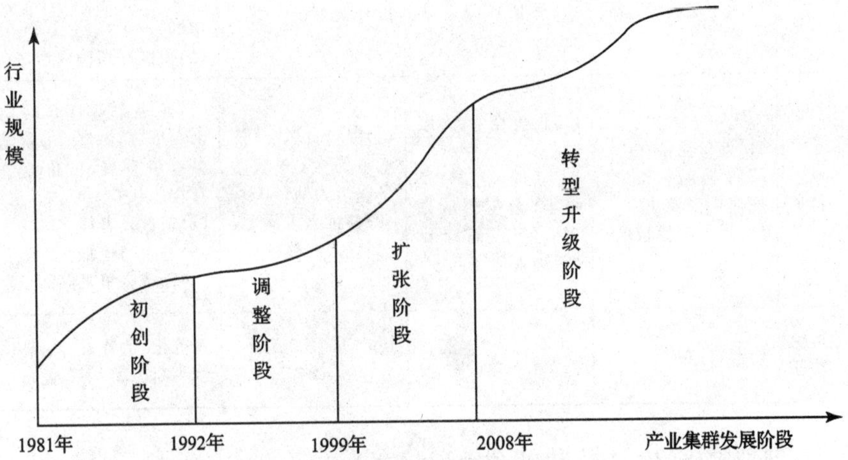

图6-1 安吉椅业产业集群发展阶段

表 6-2 安吉椅业产业集群发展特征

	初创阶段	调整阶段	扩张阶段	转型升级阶段
技术特征	(1)以简单机械和手工装配为主,精度较低 (2)造型研发,技术含量低,容易模仿	(1)以简单机械和手工装配为主,精度较低 (2)研发相对落后,知识产权保护落后	(1)越来越多的企业购置专业设备,工装技术水平有所提高 (2)产品研发以企业自主研发为主,知识产权保护落后,技术人才流动性较大	(1)机械化水平较低,模具设备可适应性不强 (2)公共研发平台建设较快,合作研发逐步增多,商业化、规范化、产业化程度不高 (3)新产品研发、新材料研发、新功能研发逐步增多 (4)知识产权保护、人才引进意识逐步增强,成本较高
产品特征	(1)以五轮转椅为主,产品单一 (2)产品同质化情况严重 (3)以品牌抢占新兴市场,品牌较好	(1)以五轮转椅为主,产品单一 (1)产品同质化情况恶化 (1)产品质量参差不齐,品牌受损	(1)办公椅为主,休闲椅、餐椅等产品开始增多,同质化程度较高 (2)配件产业发展较快 (3)新兴企业开始重视产品质量 (4)新兴企业开始重视品牌建设 (5)配件产品种类增多	(1)办公椅为主,民用椅、功能椅等系列化产品开始增多 (2)配件产品标准程度不高,产品同质化程度较高 (3)产品质量处于国内中高档水平 (4)区域品牌建设加快 (5)配件产品提档升级
市场特征	国内市场为主	国内市场份额为主,外销市场逐步打开	以外销市场为主	(1)以欧美市场为主,逐步开拓中东、俄罗斯等新兴市场 (2)积极开拓国内市场
竞争特征	(1)低价竞争 (2)企业数量较少,规模扩张较快 (3)进入门槛较低	(1)低价竞争、无序竞争 (2)新进入者多,规模小,企业数量先多后少 (3)进入门槛低	(1)以抢订单、低价竞争为主,产品质量竞争为辅 (2)新进入者增多 (3)进入门槛低	(1)龙头企业逐步转向技术竞争、品牌竞争、营销服务竞争发展,低价竞争仍存在 (2)新进入者增多 (3)进入门槛低 (4)区域竞争、国际化竞争
组织特征	松散、自发	松散、自发、无序	转向规范、有序、合作	规范化、协作化、专业化程度不断提高

初创阶段(20 世纪 80 年代—1992 年)

安吉椅业产业起步于 20 世纪 80 年代初。安吉科教设备厂与上海同济大学、北京大学等高校联手合作,于 1981 年研制开发出第一把四轮转椅,次年第一把五轮转椅正式下线,安吉科教设备厂成为全国最早生产五轮转椅的企业之一。与传统坐具相比，该产品具有造型新颖、使用方便、功能多样等明显优势，市场供不应求。到20世纪90年代初期，安吉县已经形成了“民友”“三潭”和“丰陵”3大转椅企业品牌，年产值超过1亿元。但是，这一时期内，区域内的转椅生产面临着两大隐患：一是产品制造技术比较简单、准入门槛低，一些家庭小作坊不断兴起，产品质量良莠不齐；二是产品研发多模仿少创新，产品同质化严重，低价竞争问题日益突出，企业之间信任度不高，难以形成专业化分工，削弱了集群优势。

调整阶段(1992—1999年)

转椅作为加工简单、成本低、利润高、市场大的产品，越来越多的私营企业、个体户纷纷加入转椅行列，尤其是在1992年邓小平“南方讲话”之后，生产要素进一步向椅业产业聚集，转椅业开始进入低水平扩张的阶段。但是由于缺少行业自律，产品质量问题、低价竞争问题开始恶化，当时的“民友”“三潭”等大企业相继破产，企业内的经营管理、技术业务骨干开始自立门户，走创业之路，到90年代后期，转椅产业低水平扩张开始进入尾声。这一时期是集群内部矛盾的爆发期，并形成了新的产业集群风险。一是大量小企业、家庭作坊的进入造成企业数量快速增长，由于自身能力不足，想尽办法挖人挖技术、降低产品质量，对优秀的企业形成技术创新、人才的冲击，对区域形象造成较为长久的负面影响。二是信任机制的缺乏导致集群内企业创新动力开始弱化，更多的企业由创牌与贴牌并举转向利润有保证、风险低、交易简单的贴牌生产、订单生产。三是行业间信任机制缺乏，监督机制缺位。

扩张阶段(1999—2008年)

任何行业发展中的变革都会带来新的发展机遇，安吉椅业的发展也不例外。在“民友”和“三潭”等安吉传统椅业龙头企业破产的同时，安吉的转椅产业已经孕育了新的发展生机。一方面，安吉转椅业开始从单纯地追求量的扩张向注重质的提升转变。1999年，“大康椅业”在陕西省西安市出资60万元投入品牌宣传，不仅赢得西安市80%的转椅市场占有率，也推动“大康”销售网络向全国各地加速延伸。“大康”的这一成功举动，促成了安吉的许多家转椅企业更加重视积累自己的品牌效应，安吉转椅业的产品档次不断提升，品牌效应开始显现。另一方面，中国加入WTO后，国内家具企业进入发达国家贸易壁垒大大降低，对美欧、日本等发达国家的出口与日俱增。安吉椅业企业牢牢把握这个难得的机遇，走上了外销为主的发展道路，整个产业集群迎来了快速发展时期。这一时期，产品外销市场迅猛发展，企业逐步放弃了国内市场，到2007年几乎全行业都退出了国内市场，全行业安心做起无渠道、无研发的“加工车间”。

转型升级阶段(2008年以后)

2008年，在国际金融危机中，性价比较高的安吉椅业出口份额逆势上扬，151家椅业企业出口增长9.5%，进一步拓展南美、东南亚、西亚等新兴市场，安吉椅业产业的国际化布局得到优化。尽管安吉椅业在产业规模、产品质量、品牌建设上迈出了坚实的步伐，但是产业层次不高、创新能力不强、要素制约加剧等问题日益严峻，传统的低成本、低附加值依赖的发展方式仍然没有转变。国际金融危机以来，龙头骨干企业进一步加快了对产品结构、技术结构、市场结构和经营模式的转型与调整，地方政府通过规划引导、政策扶持，大力推动产业集群转型升级，安吉椅业产业集群进入崭新的发展时期。“十二五”时期，是安吉椅业产业集群转型升级的战略机遇期，安吉椅业部分龙头企业已率先启动转型，加强自主创新能力培育，如永艺家具坚持技术研发，创自主品牌，探索开拓大飞机航空椅高端市场；面对巨大潜力的国内市场，利豪控股、大康控股等企业加大品牌营销和渠道建设，在全国各大城市开设专营店、连锁店，品牌影响力逐步提升。

产业基础与优势

总量不断扩张，企业规模不断扩大

2010年安吉椅业销售收入达到218亿元，“十一五”期间年均增长29.0%；规上企业实现销售收入92亿元，占全县规上企业销售收入总额的28.3%，利税贡献值在全县主要行业中排名第一。

2010年，椅业企业总数达到755家。其中规模企业168家，比2006年增加101家，亿元以上企业达到25家，35家企业位列安吉工业经济100强。排名前5位企业的销售收入占规上椅业企业的31.4%，行业集中度较高，如表6-3所示。

表6-3 安吉椅业(规模以上)在安吉经济中的比重和地位

年份	2004	2005	2006	2007	2008	2009	2010
椅业总产值(亿元)	14.4	26.4	39.5	56	65	72	92
工业总产值(亿元)	83.44	117.58	149.03	185.43	223.22	259.99	325.25
所占比重(%)	17.3	22.5	26.5	30.2	29.1	27.7	28.3

续 表

2010年“产值超10亿元”行业排名			2010年“利税超亿元”行业排名		
名次	产业名称	产值（亿元）	名次	产业名称	利税总额（亿元）
1	家具制造业	99.75	1	家具制造业	8.57
2	竹木制品业	42.66	2	电力、热力的生产和供应业	5.27
3	有色金属冶炼及压延加工业	28.57	3	竹木制品业	3.99
4	电力、热力的生产和供应业	25.19	4	有色金属冶炼及压延加工业	2.86
5	电气机械及器材制造业	11.92	5	非金属矿物制品业	1.46
6	化学纤维制造业	11.43			
7	通用设备制造业	10.89			
8	非金属矿物制品业	10.78			

数据来源：浙江省统计年鉴、安吉县国民经济和社会发展统计公报、安吉县发经委。

品种不断增加，产品结构不断优化

随着设计风格、外观造型的不断创新、技术成本投入的不断加大，产品由原来单一的转椅生产向椅业系列化方向发展，目前已经形成办公椅、休闲椅、功能椅、吧椅、餐椅、沙发及各类配件七大系列，其中办公椅约占产品总产量的68%，沙发产量增长较快，约占10%。企业新产品开发力度继续加大。2010年安吉椅业企业研发总投入占销售收入的1%，新产品研发是安吉椅业行业健康发展和良好经济效益的一个重要原因。

出口带动明显，出口市场不断拓展

产品出口呈现快速发展。2010年，出口企业从2005年末的46家增加到181家，23家椅业企业的自营出口额在1000万美元以上，其中“恒林”“利豪”“强龙”3家椅业企业的自营出口额在5000万美元以上；全县椅业产品自营出口量从2005年末的20008万美元增加到110027万美元，年均增长40.6%，占全行业总销售收入的比重从2005年末的26.5%上升到34.2%。

在巩固传统市场的同时，进一步开拓了新兴市场，出口市场结构不断优化。截至2010年10月底，椅业出口企业已经和全球170多个国家和地区建立了贸易关系，欧洲和北美作为安吉椅业的主要出口市场，累计实现出口总额 6.7 亿美元，占全县椅业出口总额的 74.3%。新兴市场中，拉美洲增长明显，亚洲、非洲出口市场保持平稳增长，大洋洲、中亚等其他市场份额变动较大。

研发能力趋强，创新平台逐步完善

区域创新能力不断增强。浙江永艺家具有限公司和浙江恒林椅业股份有限公司进入了浙江省公布的 2010 年第三批拟认定国家级高新技术企业名单，大康控股和永艺家具通过了省级研发中心申报，利豪控股、恒林椅业、强龙椅业的研发机构、检测机构设备先进，大大增强了安吉椅业的区域自主设计研发能力。安吉椅业专利申请力度较大，2010 年安吉椅业新增专利申请 195 件，其中发明 8 件、实用新型 30 件、外观设计 157 件，以永艺、恒林、强龙、超亚、大康等企业为突出代表。

龙头企业在行业内的话语权日益增强，在行业标准的制定过程中发挥重要作用。在 2008 年《中华人民共和国轻工业行业标准》的制订过程中，安吉的恒林家具、永艺家具、大康控股、安吉质量技术监督检测中心均参加了起草工作。

价值链分析

安吉椅业产业集群作为传统制造业集群，其价值链构成可从上游到下游划分为 3 大环节：技术环节、生产环节、营销环节。技术环节主要是新产品的研发设计，生产环节包括普通配件生产、特殊配件生产、产品组装，营销环节包括成品销售、销售服务。一般来说，该行业中研发设计、品牌和服务环节附加值较高，成品组装附加值相对较低。下面对当地各个产业价值链环节进行详细分析，如图 6-2 所示。

价值链定位

从价值链角度分析，安吉椅业产业的竞争优势主要集中在零配件制造、成品组装环节等加工环节，借助劳动力成本优势，安吉在加工环节的利润空间甚至已经高于全球典型椅业水平，这使安吉能够且已经成为全球重要的家具生产基地。安吉椅业在高附加值的成品销售环节、研发设计、品牌和服务等环节涉及较少，利润空间低于全球典型椅业水平，在竞争中处于劣势。这表明安吉椅业在这些环节有较大的提升空间，需要重点在研发设计、品牌建设、销售流通等环节进行突破，实现产业转型升级。

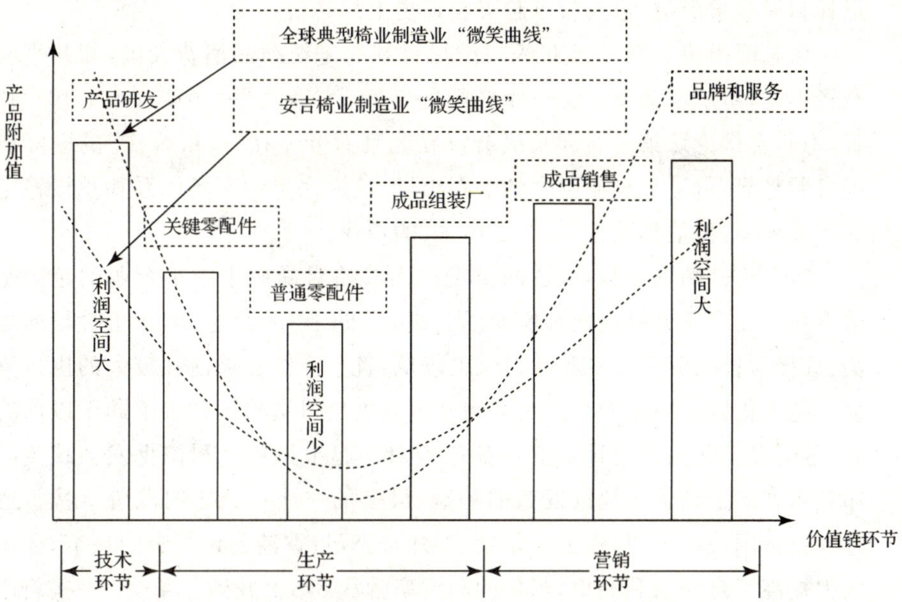

图 6-2 安吉椅业产业价值链

6.2.2 绍兴纺织产业集群

第一步:试参与阶段——营销部门前置

1992 年的中国,邓小平年初发表的"南方讲话"及随后出台的一系列激励措施,催生出一大批民营企业,主营提花布生产的越美集团就是其中之一。在纺织企业扎堆的浙江绍兴,位于辖区内诸暨市的越美集团,只是众多出口纺织企业中名不见经传的一家。成立后的 8 年时间里,公司自营出口额一直徘徊在 300 万美元左右,经由香港贸易公司进出口的营销模式中越美仅能获得 5%的利润率,且饱受货款拖欠的困扰。

2000 年前后,受困于财务危机的越美开始重新思考企业的出路。低利润率和货款拖欠让企业陷入财务危机,公司该如何重获盈利空间走出眼前的绝境?从 1992—2000 年,越美创业 8 年,自营出口业务却徘徊不前,公司下一步该往哪走?解决迫在眉睫的财务问题显然更为现实。为讨回欠款,董事长徐志明只能守在香港客商的办公室里,却意外地发现这里来来往往的大都是黑人,原来他的纺织面料最终消费市场是在非洲。源源不断的出口意味着巨大的市场需求,不甘受制于人的徐志明决定背着样品,只身前往尼日利亚寻求商机，也成就了越美公司史上的转机。

徐志明很快发现，1.4亿人口的尼日利亚是纺织品消费大国，却几乎没有轻工业，纺织品奇缺，是一片广阔的纺织品“蓝海”。当年10月10—12日，中非合作论坛第一届部长级会议在北京召开。在“南南合作”的国际市场发展趋势下，尼日利亚巨大的潜在市场，较为完善的市场体系和积极稳定的政策环境，促使越美迈出了“走出去”的步伐。

“走出去”的第一步，合适的市场进入战略对尚属于中小企业的越美至关重要。受限于自身规模和经验的欠缺，尚处于“试参与”国际化阶段的越美，选择了投入资源较少和承担风险较低，且生产经营灵活性较大的出口贸易。越美仍以在中国的生产工厂为基地开展出口贸易活动。不同于以前的是，越美自己开始在尼日利亚首都拉各斯办起了销售公司搞批发。越美的印花布产品遭到了当地批发商的抢购，最多的一次一天之内涨价7次。通过在目标国设立公司，省去了印染厂、外贸公司、香港公司等中间环节，公司大大提高了自身的利润率，当年的利润率就从5%上升到了40%，一些新产品甚至有100%的高额回报。

“最重要的是当地市场需要什么花色面料，原来要一两个月才能间接反馈到企业，而现在一个电话，国内几分钟内就能知道，当天就能组织生产”，在徐志明的眼中，“零距离”接触目标市场也使越美能及时掌握市场需求信息并迅速组织生产。

通过将营销部门前置，处于“试参与”国际化阶段的越美，告别了传统的依赖中间商出口的营销方式，将出口商品的利润率和市场信息牢牢把握在自己手中，越美3个月内便实现了出口翻番。这家销售公司当年就实现了国内公司5倍的销售额。

巨大的潜在市场被打开，越美在尼日利亚挖掘到了自己的“第一桶金”。尝到甜头的越美，也将成功经验复制于其他新兴国家市场，先后在俄罗斯、刚果、喀麦隆、马里等国家和地区设立销售公司，企业一直保持高速增长。到2008年，越美销售额已达21亿元，公司自身搭建的海外营销队伍和营销网络，也在金融危机中显现出了足够的抗风险能力。

第二步：积极参与阶段——绿地投资建厂

2004年，海外市场发展顺利的越美，又一次在危机中被迫转变自己的国际化战略。当年1月8日，尼日利亚政府突然颁布一项旨在“保护尼日利亚国内产业”的政令，决定禁止从国外进口41种商品，其中包括绝大部分纺织服装商品。纺织品通过灰色清关进入尼日利亚便构成走私。

徐志明也因此被尼日利亚海关当作头号“走私犯”，和其他 9 名浙江老板一起被抓到秘密警察局关了 4 天 4 夜。2004—2005 年间，尼日利亚海关抓捕浙江商人的事件时有发生。据统计，被尼日利亚政府罚没的浙江纺织品至少有三亿元。中国这么多企业，在尼日利亚都是非法经营，但是那里市场又这么好，每个做纺织品的商人，都想冒一下风险，徐志明决定增加在尼日利亚的投资。自 2000 年起在海外设立销售公司的尝试，让越美积累了一定的企业国际化经验，也强化了对国际业务收益的预期，愿意将更多企业资源投入到尼日利亚等新市场。绿地投资建厂，是公司积极参与国际化阶段采取的市场进入战略。

经中国商务部和尼日利亚政府批准，越美集团于 2004 年投资 100 万美元，在尼日利亚卡拉巴保税区建造起 7000 多平方米的厂房，设立了第一家境外加工贸易生产企业——金美（尼日利亚）纺织品有限公司，招聘当地工人 130 多人。随后几年，越美不断对该企业追加投资，累计 1088 万美元。2006 年 8 月，在西非塞内加尔，越美再次投资 500 万美元创建了第二家境外加工贸易企业。

绿地投资建厂，让越美掘到了“第二桶金”。“如果没有在尼日利亚开设工厂，我们的产品进入尼日利亚是非法的，三天两头要被海关查封，这项政治风险通过投资建设工厂规避了。”徐志明说：“我们不仅顺利越过了尼日利亚对纺织品进口的限制，还享受到了当地政府免税优惠政策。更重要的是，可以利用欧美国家与非洲各国签订的国际贸易条约，将产品顺利打入欧美市场。”

绿地投资建厂还成功帮助越美规避了人民币汇率上升所带来的风险。当国内的外贸企业抱怨人民币升值太快时，越美通过境内外企业合作，不仅规避了汇率风险，甚至还依靠汇率调节，每年为企业创收。境外企业的存在，使越美得以通过境外公司获得美元贷款，而国内企业经由远期结汇等金融工具，合理调节汇率。通过汇率调节越美集团每年能增加 2000 多万元收入。自 2004 年起，绿地投资建厂帮助越美集团持续增长，销售收入以年均 30%以上的速度增长。

在非洲进行绿地投资的过程并不尽如人意，面临着诸多条件的制约。首先是物资材料问题。徐志明说：“大家都想平平安安的，也知道最好自己能办厂，但是初来乍到的企业不了解尼日利亚政策，自己办厂投资也太大，所有东西都要进口，连一颗螺丝都要进口。一吨水泥 3500 美元，一吨钢材

8000美元，那里并不是投资办厂的天堂，也很少有企业能下决心投资。”由于尼日利亚物资材料奇缺、价格高，因此到国外建设加工厂，所需的材料几乎都要在国内采购。这不仅造成投资成本的大幅提高，而且经常遇到因遗忘发运材料而致工程停工待料，白白遭受损失的情况。

其次是外派工作人员问题。外派的工作人员，经常会遇到语言不通、风俗不懂、道路不熟的情况，最初开展工作常常比较困难；长期工作中，人身和财产安全问题也日益突出，公司的工作人员经常遭遇投资国政府官员以各种借口，限制管理人员的自由或没收财物等。此外，对投资国的法律和投资环境了解的缺乏等也都对越美的绿地投资建厂造成了制约。

第三步：坚定参与阶段——集群式“走出去”

在尼日利亚进行绿地投资建厂后，徐志明很快就发现了新的问题，越美也因此进入“坚定参与”国际化阶段。尼日利亚是产棉大国，但是没有棉纺企业，没有配套产业链，而纺织行业具有典型的规模经济特征，对上、下游产业链有着较高依赖。徐志明在尼日利亚办的工厂，没有配套产业链，单个生产企业面临上述种种制约，不仅成本居高不下，连原材料获取都很困难，只能对国内进口的半成品进行诸如绣花之类的简单深加工，很难形成产业优势。同时，越美集团发现，不少国内中小纺织企业也想“走出去”，但对国外环境不熟悉，使企业主对“走出去”的风险充满疑虑，他们希望能抱团一起“走出去”以减少投资风险。

2006年中非合作论坛北京峰会召开后，中国企业赴非洲投资的政策环境得到进一步改善。改善的政策环境，让徐志明形成了一个更大的商业构想：在尼日利亚兴建纺织工业园，一方面为国内中小企业“走出去”搭建低风险的投资平台，另一方面也为越美的纺织产业链打造配套的上、下游环节。

2007年，越美决定投资近6000万美元，在尼日利亚国家级保税区设立越美（尼日利亚）纺织工业园。打造我国首个境外纺织工业园区，徐志明的这一想法得到了国家商务部和尼日利亚政府的支持，也被许多中小企业所认可。在短时间内，来自浙江省内诸暨、绍兴等地及浙江省外的几十家纺织企业，纷纷表达了加入园区的意向。从打造合理、完整产业链的角度出发，越美从中选择了15家企业，涵盖棉纺、织造、印染、服装等业务内容，且入选的纺织企业大都在尼日利亚有过多年的贸易经验。

集群式“走出去”以创建境外工业园区的形式，让越美集团及其他中小企业实现资源共享、风险共担，克服和解决依靠单个企业的资源和能力在国际化过程中无法克服和解决的困难和问题，并享受到更多的政策优惠。一方面，进入纺织园区的企业可以享受到我国商务部“纺织企业走出去专项资金”支持。另一方面，园区内的企业可以享受尼日利亚自由贸易区政策，作为保税区企业，不受征纳税、关税、外汇等法律法规约束，外资设立与撤销变更自由，进出口畅通自由，不受配额限制，出口产品还享受30%的高额退税奖励。

集群式“走出去”也为身处传统产业的越美集团及其他中小企业创造了转型升级的空间。第一，考虑到尼日利亚的纺织业发展现状，许多在国内面临淘汰的设备在当地仍有利用价值，可将国内纺织闲置设备作价投资到当地产生效益。随着企业技术升级，越美就曾将部分适用于非洲的旧生产线转移到金美(尼日利亚)纺织品有限公司，产生了良好的效益。第二，将产业链整体转移到尼日利亚，实现产能的“走出去”，可以缓解国内资源环境压力，还可以改变国内纺织业“低、小、散”状况，优化纺织业产业结构。第三，工业园区整合国际资源的能力，还可以拉动国内纺织业的发展。为满足非洲工厂扩大产能的需要，越美集团还相应扩大了其在湖北省的棉纺基地规模，仅员工扩招就达1000名，据估算该工业园一年可带动10亿美元的国内出口。

作为尼日利亚最大的纺织园区，占地800亩，拥有厂房28万平方米的纺织工业园，入驻企业已超过20家。按照规划，纺织工业园区完全建成投产后，可为尼日利亚当地提供数千个就业岗位。由于订单太多，越美将部分订单分发给当地的农户加工，在园区周边发展了逾4000台织布机。除此以外，工业园区延伸出的产业链，还带动了棉纱贸易商、花版制作商、印染企业、仓储企业等各类企业的发展。以越美为龙头，这些企业依靠越美的大量订单迅速发展起来，促进了当地纺织块状经济的发展壮大。

这将是越美在尼日利亚掘到的“第三桶金”。前两阶段“走出去”的国际化过程，让越美集团更加清醒地认识到国际业务开展过程中的种种障碍，以及企业国际化的各项风险。集群式“走出去”创造性地通过搭建工业园区平台与上、下游企业合作，规避了其中的许多主要风险，并充分发挥东道国的市场、政策和劳动力资源优势，为转型升级期的我国纺织产业提供了新的利润增长空间。

分三步“走出去”的越美越发坚定地参与到国际市场中。2010年，徐志明继续加大境外投资布局，成功收购了一家加纳纺织企业。2011年，越美集团在马里以并购增资的方式投资9920万美元，收购了一家国有棉花公司，控制了该国80%的棉花种植和收购。位于西非的马里每年棉花产量约45万吨，位居非洲第三，它的棉花收购成本相当于国内的6成，给越美留下巨大的利润空间。2012年，越美集团出资7000多万美元，收购了占地800亩、拥有1000多台织机的坦桑尼亚友谊纺织公司。通过垂直整合和并购等国际化战略，越美基于国际市场机遇配置资源，完成了从非洲西部到东南部的战略布局，正在非洲大陆上打造出一条从纺纱、织造、绣花、针织到整套服装的完整产业链。

6.2.3 温州乐清低压电器产业集群

随着产业经济的迅速发展，工业电气已逐渐成为乐清市的支柱产业。在电器领域，经过20多年的快速发展，乐清实现了从加工到国际化制造，从无牌到中国名牌，从家庭作坊到企业集团的跨越，成为我国低压电器的主要生产出口基地之一。电器产业已经成为乐清经济发展的重要支柱，成为乐清特色产业的优势。乐清电器行业拥有15个中国驰名商标、12个中国品牌产品、14个全国免检产品，是全国知名品牌最多的县级市之一，全市“国”字号产业基地已发展到11个。现在，该市已经成为全国生产规模最大、市场占有率最高、产品种类最齐全的工业电器生产基地，成为著名的“中国电器之都”。近几年来，乐清相继被有关部门授予“国家火炬计划智能电器产业基地”“中国电器之都”“中国断路器产业基地”“中国防爆产业基地”“中国钻头生产基地”“中国电子元器件生产基地”和“中国精密模具生产基地”等荣誉称号，形成了以电力电气、电子、机械、仪表、船舶、五金工具等为主导行业的工业体系。在产业快速发展的同时，提升了行业经济。

乐清工业电气产业起步于20世纪70年代初的低压电器产业。经过30多年的发展，从前店后厂的家庭作坊到股份制公司再到集团化发展，产业结构和产品品质不断优化，已由单一的低压电器元件生产发展到以低压电器为主，集输电、变电、配电、工业控制电器于一体的工业电气产业集群。集群内企业生产、销售的电气产品多达200多个系列、6000多个种类、25000多种型号规格，从业人员多达20余万人，集群主要分布在104国道线乐清段两侧，以柳市镇为中心，北白象、翁垟街道、乐成街道、盐盆街道为边侧的一带条形空间，形成了庞大而比较完整的产业链，产生了正泰、德力西、天正、人民等一大批电气行业龙头企业集团。现就乐清工业电气发展现状进行总结，并试图从中寻找产业升级的途径。

（一）产业规模迅速壮大。2012年，乐清规模以上工业电气行业实现产值624.17亿元，占全市工业总产值的58.81%，其核心产品低压电器多年来一直占全国市场份额的60%以上，是名副其实的“中国电器之都”。

（二）组织体系相对完善。目前全市共有电气及相关配套生产企业6000多家，其中规模以上企业468家。2012年全国工业电气100强公司中，乐清企业占10家，占全部内资企业16.4%。大多数企业扎根乐清本地发展，社会化分工和专业化协作机制不断优化，以龙头骨干企业关键产品和装配生产、市场营销和技术研发为主导，中小企业聚焦零部件加工生产的区域产业链垂直分工协作体系日益成熟，基本形成了由一群高度关联的生产企业群体、供应商群体、销售商群体和其他相关产业以及行业协会构成的工业电气产业集群。

（三）品牌质量不断提升。乐清工业电气行业目前拥有中国驰名商标15枚。产业标准基本与国际电工委员会（IEC）标准接轨，标准总体水平已接近国际先进水平，拥有的生产许可证、强制性产品认证（CCC认证）、美国保险商实验所（UL）、欧盟认证等国内外证书在全国电气产业基地中最多。拥有100多家产品试验中心，1个省级高低压电器产品质量检验中心，国家工业电器质检中心也在建设中。

（四）创新能力有所增强。近年来，乐清工业电气企业不断加大技术创新力度。对100家工业电气企业调查问卷数据显示，2012年26.1%的企业加大了企业在技术改造和自主创新方面的投入，55.2%的企业投入与去年持平。截至目前，该市电气行业拥有国家级企业技术中心2家，拥有省市级企业技术中心100多家、高新技术企业46家、省级科技型中小企业47家。

乐清市工业电气产业集群经过多年发展，成长为一个典型的原发性产业集群。

乐清市工业电气产业集群虽然发展比较成熟，但集群结构演进比较缓慢，高度化不足，基本上还集中在劳动密集型、低加工度、低附加值的传统工业电气制造业，集群以简单劳动密集型企业为主，知识、智力密集型企业比重过低。具体表现为：

（一）产品主要集中于竞争激烈的产品制造领域。电气产业链主要包括上游的原材料供应，中游的电气设备制造，以及下游的电力系统企业及各类终端电力用户。其中，中游电气设备制造企业分为电站设备制造企业、输配电设备制造企业和工业自动化设备制造企业。目前来看，上游原材料供应环节主要被资源型企业占据，中游发电设备和高压、特高压领域基本由外资企业和大型国有企业主导；下游电力生产及电网建设基本处于自然垄断环境。乐清工业电气产品主要集中于中游以中低压为主的输配电领域，行业竞争较为激烈。

（二）低端徘徊导致横向同质竞争过于激烈。虽然乐清工业电气产品已从低压延伸至中高压领域，但是创新能力偏弱。目前大部分企业仍以中低压为主，低压领域主要产品仍以第一代、第二代和改良后的第二代为主（约占低压电气总量的70%），这些产品生产技术成熟，装备投入要求不高，导致行业进入门槛比较低。集群内大部分企业仍然习惯于被动模仿或者依赖外部技术力量解决自身的技术需求。产业“低、小、散”现象严重，目前仍然存在一大批管理落后的小加工企业，产业主体产品同质化，低价竞争现象比较突出，严重影响了企业的生产经营和产品质量的提升。2012年，柳市镇片区经工商登记的低压电器生产厂家有5700多家（包括零部件生产企业、销售店铺），有企业集团72家，持证生产企业（3C证书）达1000多家，有3C证书13000多张，生产企业众多。但是，2012年中国电气工业100强企业地区分布中，江苏省拥有100强企业21家，浙江省只有16家；前100强企业榜单中，乐清进入榜单的企业只有正泰电器、德力西电气及正泰电气3家进入前50名，其中正泰电器进入前10强，其他企业在榜单中排名均比较靠后。这从一个侧面表明，该市工业电气企业虽然数量众多，但是企业的竞争力和创新力并不强，大企业还不够大。“乐清创造”产品较少，重规模轻创新的现象仍较为普遍。2012年，全市规模以上工业电气产业新产品产值达140.9亿元，占总产值12.1%，新产品产值不高，产品基本以老产品为主，且大部分产品结构趋同、功能相似，不同的只是包装与标牌标识，产品严重同质化，导致恶性低价竞争严重。低端、同质致使产品利润率低。2012年，全国电气工业100强公司的平均利润率9.63%；其中，利润最高的施耐德电气低压（天津）有限公司的利润率达45.55%；利润率前10强排行榜中没有乐清企业，乐清上榜企业中只有正泰电器和德力西电气利润排名略高于平均利润率，其他企业利润率均低于平均水平。说明乐清电气企业与全国100强相比，利润率偏低。

（三）企业之间纵向合作的协同性仍然偏低。在技术研发方面，乐清工业电气技术研发主要集中在龙头骨干企业，但是龙头企业技术研发比较孤立，没有形成本地化优势，与配套企业之间缺乏技术、信息、知识等方面的共享和协同管理，难以实现产品设计、技术研发等方面的同步升级，龙头企业的研发资源对配套企业带动作用不强。在产品销售方面，由于龙头企业数量较少，规模巨大，处于市场交易塔尖的位置；配套企业数量众多，规模较小，处于塔身、塔基位置，在销售方面严重依赖龙头公司的销售网络；双方在交易市场中的不对等位置直接影响了交易结果的公平性。随着买方市场的凸现，龙头企业千方百计降低配套产品的成本，以增加产品性价比，提高企业竞争力。龙头企业通常的做法有直接降低产品价格、延长货款付款期限、实行招投标增加供应方等。配套企业因为依附于龙头企业，自身的市场议价能力较弱，只能被动接受或者加强自主销售，但这样容易弱化龙头企业和配套企业的协作性。

（四）城市综合服务配套能力亟需整合提升。一是土地资源紧缺。这是乐清工业电气产业发展的最大制约因素。该市标准厂房建设较滞后，工业用地基本靠政府供给。2012 年，该市全年新增建设用地指标 1855 亩，其中道路交通、市政建设等占用了 697 亩，工业用地仅占 697.8 亩，远不能满足企业用地需求。因土地供给不足，工业用地价格不断攀高，企业生产成本增加，制约了装备更新和工艺改善，甚至导致部分优秀企业外流，将全部或者主要产能迁出乐清，影响了工业电气产业的发展后劲。特别是中小微企业生产用地十分困难。这些企业生产场地小、自有资金少，小微企业园也只能满足一小部分企业的生产用地需求。二是物流业发展遭遇瓶颈限制。据不完全统计，全市有物流企业 200 家左右，年货物周转量达到了 3800 万吨，形成了公路运输为主的基本覆盖全国各地的物流网络，大部分货物运输是以点对点方式运输，是浙南地区重要的物流中心。但该市物流企业发展场地受限制，没有大型的物流园区，企业难以做大做强，缺乏领军企业，物流企业发展受限制，大部分仍是传统物流（货物运输为主），离现代智能物流要求有很大距离；政府对物流业发展的前瞻性研究不够，缺乏科学规划，在土地安排、产业结构调整、基础设施建设等环节很少考虑物流业发展；而且在人才、规制、纠纷调解机制、行业自律等方面存在着不少问题。三是部门服务不到位。工商、税务、劳动等部门对企业以管理为主，缺少主动服务；多的是照章办事，少的是将心比心的换位思考。四是资金环境恶化。宽松、灵活的银行融资环境和发达的民间金融，曾是乐清企业发展的重要动力。但是，随着企业的发展壮大，对资金的要求越来越高，该市企业融资渠道单一，以间接融资为主，融资成本高的弊端逐步显现出来。部分企业因为资质不足，缺乏有效抵押物，开展企业银行互保，担保链不断延伸，错综复杂，为企业发展埋下极大的隐患。五是人居环境差。乐清的城市化水平明显滞后于工业化，图书馆、公园、广场等配套设施缺乏，经济发达地区环境问题突出，空气污染严重、水质差，教育水平参差不齐，住房保障建设步伐缓慢，致使企业人才“引不进、留不住”，影响了企业发展。

（五）销售网络有待健全。乐清工业电气产业之所以在国内具有举足轻重的地位，与其富有特色的营销体系有着很大的关系。其层级分明、高密度布点的营销网络奠定了乐清工业电气产业在国内的龙头地位，支撑着乐清工业电器在全国骄人的销售业绩。据统计，乐清电气行业拥有20多万人的营销队伍，从最初的走街窜巷到区域代理再到建立销售公司，这支队伍在很多年里不但成功推销了乐清的电气产品，也在一定程度上拦截了其他地区企业向低压电器低端产品市场的渗透。但随着这支队伍的进一步壮大，伴随的一些问题也逐渐暴露出来。

销售渠道过于单一。电气行业的销售队伍基本是以亲戚带亲戚、朋友带朋友、老乡带老乡的方式发展起来，彼此之间很熟悉，而且对乐清本地众多电气生产企业也非常了解，因此经销商的议价能力非常强。当企业因为成本上涨等因素计划提价以确保产品利润时，经常被众多经销商联合抵制，企业不得不以减少利润或降低生产成本的方式来维持产品价格。这也是乐清电气行业多年来难以升级的一个外在原因。此外，各经销商之间发展不平衡，彼此实力差距很大，鱼龙混杂，甚至在一些欠发达地区经销商以次充好，扰乱市场，整个电气行业销售系统还有待整合。销售模式陈旧。在互联网高速发展的今天，网络销售早已影响了各行各业，但电气行业还停留在传统市场销售模式阶段，网络销售模式未形成气候。目前，淘宝网、天猫、阿里巴巴等知名电子商务平台上电气行业网购占有一定市场，总体上以开关、电线等家庭用电气产品为主，销售规模小、品种单一。与其他行业相比，网络销售量占比过小，电气行业网购市场还是具有很大的发展潜力的。

综上所述，尽管乐清工业电气产业集群在国内具有一定的市场影响力和号召力，但总体上仍处于产业链的低端环节。

（一）集群内企业竞争推动产业升级。行业创新能力弱导致产品同质化现象突出，大量高度同质化的产品带来的直接后果是产品价格战，以及由此引发的偷工减料，产品假冒伪劣，进而影响到整个行业形象。有远见的企业为跳出低价竞争怪圈，选择产品升级，增加产品科技含量，提高产品性能，避开传统产品市场竞争，走产品差异化路线。越来越多的产品升级推动着产业集群升级。

（二）跨国公司进入带动产业升级。从20世纪90年代开始，国际电气巨头陆续进入集群，最初主要是在集群里设立贸易机构，然后建立销售代理机构。近几年，巨头们开始和集群中的中心企业建立合资企业，实现本土化生产。2006年，施耐德和德力西合资建立德力西电气有限公司。合作引入了施耐德的生产组织方式、人员管理方式、销售方式等，大大提高了生产效率。对于本土的其他企业来说，新进者立足，市场份额被分摊，生产资源被抢夺。合资带来的"鲶鱼效应"显现，打破了本地长期形成的电气产业格局。集群内其他企业为战胜强大的竞争对手，积极开展产业集群升级，从而带动整个产业的升级。

（三）外部发展环境压力倒逼产业升级。尽管中国的劳动力仍然是供大于求，还处于"劳动力红利期"，但劳动力供给减少趋势已是事实。同时，劳动者就业理念已发生很大转变，在就业选择时除工资外，开始关注其他问题，尤其是80后、90后新生代，更加重视安全、关怀和权利的维护，工资待遇、劳动环境、闲暇时间和业主的人性化程度，成为80后、90后劳动者就业时的重要考虑因素。这些无疑会增加劳动力密集型企业的用工成本，靠廉价劳动力支撑起的价格优势大大减弱。问卷调查数据显示，接受调查企业中的85.4%认为：与2011年年底相比，乐清电气行业人工成本明显增加。此外，工业电气主要原材料价格长期趋涨，能源使用成本提高，企业用地与厂房租金提高。各种因素综合，使企业综合生产成本提高。问卷调查数据显示，51%的企业认为2012年企业综合生产成本较2011年有所提高。近年来，该市电气行业主要产品平均价格基本维持不变。严峻的外部发展环境催逼着企业要提高生产效率，提升产品附加值，追求产业升级。

乐清工业电器产业转型升级方向

（一）加强新产品研发，追求产品升级。推进电气产业内的高级化、与电气相关产品的高级化，引导企业向产业链的两端延伸。大力推进电气行业新产品研发和战略性产业化项目，重点聚焦于高压、特高压、智能电器和新能源等领域，激发主导产业发展潜力，产品结构要进一步从简单低压领域加快向成套设备、智能电气等领域升级发展，从电器普通元件向核心元件、发电设备等延伸，从以中低压领域为主加快向高压、特高压、智能电器和新能源领域拓展。此外，大力推进低压电气、电线电缆、仪器仪表等传统产业领域高新化，利用先进适用技术改造提升传统产业。

（二）拓展新兴产业，引导产业链升级。工业电气行业经过多年的充分市场竞争，企业在长期的生产经营过程中积累了丰富的生产、管理经验，这些经验为企业产业链升级提供了基础条件，很多有抱负的企业纷纷自觉或不自觉地开展产业链升级，从电气行业向新能源、绿色能源等行业升级。拓展高压超高压、智能电气、工业自动化领域，把握技术和产业发展新趋势，培育壮大物联网、新能源装备等具有广阔市场前景、在成熟后发展速度明显高于其他产业、利于技术和产业跨界融合、产业链条长、行业带动性强、能有效促进相关产业提升和产业规模扩张的战略性新兴产业领域。引导工业电气设备制造、交通运输设备制造等领域企业积极开发智能装备，推进产品升级，培育物联网延伸产业。

（三）优化集群结构，提升产业链内企业合作效率。产业集群的生命力主要表现在群内企业的协同组织生产能力。要培育集群内企业协同能力，塑造新型竞争合作关系，提升产业链内企业纵向协作能力。首先要引导和扶持一批具有一定规模和实力的企业，成为支撑和带动行业发展的骨干和中坚力量，形成真正具备参与国际市场竞争的大型企业集团；此外，鼓励中小企业组建零部件专业化生产，成为行业的“隐形冠军”，提高与龙头企业的议价能力，从而优化集群内部结构，形成大中小企业兼备的金字塔状分工协作体系。鼓励龙头企业为其协作企业提供企业管理、技术辅导、财务支援等方面的业务指导和帮助，政府部门对合格协作企业在生产用地、融资等方面给予优惠，带动一批配套企业的快速成长，逐步提升集群内部产业链分工企业的协同性，增进集群的凝聚力。

（四）升级销售网络。品牌升级，由产品销售向品牌塑造升级；销售渠道升级，构建高效有序的分销体系；销售方式升级，由传统的实体销售向网络销售升级；服务升级，由传统产品销售向售后服务延伸。

第7章　浙江制造业产业集群国际化发展的对策研究

改革开放以来，浙江制造业产业集群成为区域经济发展的引擎和亮点，也是推进浙江省对外贸易以及国民经济发展的重要力量。浙江省作为出口大省，通过承接外商投资，发展"三来一补"的传统制造业产业集群，迈开了与世界经济接轨的步伐。浙江省传统制造业产业集群经过多年的发展，其国际化程度得到不断提升并取得了良好的进展。

但是近年来，特别是后金融危机时代以后，浙江省传统制造业产业集群发展的国内外宏观环境发生了巨大变化，比如外需下降，国际原材料价格剧烈波动，外部保护主义抬头，国际信用紧缩，自身市场开拓能力不足，劳动用工成本提高，原材料价格波动，等等。这些因素都导致浙江省制造业产品在国际市场上的价格竞争力明显削弱。这种长期以来引以为傲的成本价格优势、各种资源优势正在逐渐弱化，给浙江省制造业产业集群的国际化发展带来了新的压力和挑战。另外，产品的设计、研发、品牌、营销等新的竞争优势尚未形成，外贸有效订单不足的问题也相对突出。因此，稳定外贸增长、促进浙江省传统制造业产业集群的转型升级成为当务之急。

本部分在前面所进行的浙江制造业产业集群国际化发展的机制、动力、模式与典型案例比较分析基础上，总结浙江省制造业产业集群发展阶段性特征和国际化内外部环境及制约因素，并从促进信息化和工业化两化融合、借力"互联网＋"转型、完善产业链支持体系，完善企业家队伍支持体系，搭建产业技术创新平台，积极培育区域品牌与实施集群化品牌战略，强化营销支持体系，发展先进生产服务业等国际化方面，分别从政府、行业组织、企业本身等各方面提出相应对策。

7.1 浙江制造业产业集群发展阶段性特征

1. 当前浙江省处于工业化后期，正向高收入经济体发展；"十三五"是浙江省从工业化后期向后工业化发展的关键时期，也是从中等收入水平向高收入水平跨越的重要阶段。

2. 出口动因由"早期扩大市场规模，增加利润"和"'出口中学'，提升技术水平"过渡到"战略资源获取，倒逼产业升级"阶段。

3. 要素驱动型增长式微，迫切需要转换增长动力；随着劳动力成本的上升，浙江省要素驱动型增长模式渐趋式微，投资的经济增长效应减弱。创新驱动型增长初见曙光，但发展水平与发达省份相比有一定差距。

4. 处于产业结构升级期，亟须二、三产业联动发展；工业和投资所带动的第二产业所占比例正逐步减低；服务经济和科技创新所带动的第三产业正加速发展。浙江正在进入以工业高端化、经济智慧化、服务业增长，亟需依靠科技创新和知识竞争力为特征的产业转型升级阶段。

5. 从块状经济演变到产业集群过程中累积的一些素质性、结构性矛盾，尤其是产业层次低下、创新能力不强、规划引导缺失、平台支撑不力等问题依然明显，急需向现代产业集群优化升级；产业集群的国际化层次低，缺乏参与全球价值链治理的跨国公司。处于全球价值链低端环节，国际化进程应向研发和品牌高端环节攀升并形成全产业链融合方向发展。

7.2 浙江制造业产业集群国际化发展制约因素

1. 中西部产业转移，国内市场竞争日趋激烈。长期以来东部省份在出口市场的竞争优势地位受到挑战。"西部大开放"和"中部崛起"战略，使得中西部在技术水平上缩小了与东部省份之间的差距。随着"一带一路"战略的推进，中西部地区的对外贸易投资环境会得到持续改善，资源的全球配置模式逐渐形成，产业国际化迎来历史性机遇。东部省份会渐渐丧失生产制造相对优势地位，亟待向以研发设计为主的智慧经济转型。

2. 传统产业优势难以维继，发展战略性新兴产业迫在眉睫。浙江省亟需培育一批节能环保、信息技术、生物、高端装备制造、新能源、新材料、新能源汽车等新兴产业来应对来自发达国家技术前沿的挑战，国际技术要素的引进、吸收以及学习空间缩小，自主研发重要性日益凸显。战略性新兴产业将以技术研发为筹码来参与国际化博弈。

3. 全球经济复苏缓慢，触底反弹前景尚未明确。金融危机极大地冲击了各大经济体，降低了全球的经济增长率，同时也引致全球范围内有效需求的严重不足，新兴经济体受外部环境不利、自身经济结构调整的双重影响，经济延续2014年年初以来的中低速增长态势。有效需求的降低放缓了浙江省制造业产业集群国际化的节奏。

4. 海外投资环境恶化，国际化经营风险加大；浙江省制造业集群企业海外经营所需的资金担保机制大部分是由集群内部亲缘化和地缘化机制承担，增加了经营风险。同时，贸易保护主义抬头，国外市场使用汇率变动、环境保护、劳工标准、社会责任以及经济管理模式等深层次、高标准体制问题来刻意限制浙江省制造业产业集群走出去的步伐。

5. "工业4.0"方兴未艾，高端制造成为全球标准。以传统制造业与数字互联技术的融合，借助物联网、云计算和大数据等技术手段实现智能化生产为特征的第四次工业革命，正在全球掀起一股新的工业化浪潮。世界各国都在积极应对新科技产业革命所带来的产业发展机遇，争夺全球产业竞争话语权。而浙江省产业集群仍有部分处于"机器换人"的资本化改造，亟需加快步伐向资本+技术密集型转型。

6. 全球贸易治理结构正处于新的调整时期，多方博弈日趋激烈。现有国际贸易规则无法满足以全球价值链为代表的新贸易模式的要求，新兴经济体的崛起对传统以大国为主导的全球贸易治理结构提出挑战。而美国等发达国家通过主导TPP、TTIP、TISA等贸易投资协定谈判，力图推行代表发达国家利益的高标准的贸易投资规则。这些给中国带来了压力，同时也提供了提升在全球贸易治理中的地位，以及促进改革的机遇。

7.3 浙江制造业产业集群国际化转型升级的对策建议

本研究认为破除集群国际化转型瓶颈的突破口和主线在于"信息化"促产业结构优化和出口产品升级，发展跨境电子商务以及国内产业链(NVC)主导延伸构建全球产业链，从集群内生发展角度看，打造完善产业链支持体系，完善企业家队伍支持体系，搭建产业技术创新平台，积极培育区域品牌与实施集群化品牌战略，强化营销支持体系，发展先进生产服务业等方面的措施组合拳；从集群国际化发展的相关主体视角，分别从政府、行业组织、企业本身等各方面提出相应对策。具体如下——

7.3.1 一条主线——借力两化融合和互联网+推动产业升级

促进信息化与研发设计的融合。以产业集群的龙头企业研发主体，加快形成产业链协同设计体系，以工业设计创意园区为主体，建立工业设计资源服务平台，建立面向产品研发的数字化集成环境，实现产品设计数据、技术状态、工程变更及研制过程的集成管理和状态控制，提高产业集群在全球价值链上的价值层级。

推进信息化与生产过程的融合。建立集成信息化和数字化平台，整合车间管理、物流及生产现场的业务流程和数据信息，加强决策层和执行层的直线沟通促进企业精细化生产；建立数字化、动态化生产进度反馈和监控系统，为企业生产决策提供依据；引导集群龙头企业建设产业链协同生产平台，带动上下游企业业务流程的信息化改造。

推进信息化与企业管理的融合。继续推进设备、生产、供应链、营销、人力资源等基本生产要素以及订单、计划、采购、研发、生产、维护等产品全生命周期所有环节的信息化管理。在龙头企业推进研产供销、生产控制、业务与财务全流程的综合集成。建立和完善面向产业集群的信息化综合服务平台，为中小企业提供网络设施服务、设备租赁、流程外包等服务。

引进信息化高端工业生产、管理人才，与高等院校共建创新平台。制约浙江省产业结构升级的一个瓶颈问题是高端创新资源不足。应当集聚高端创新要素，加快与国内外一流院校共建创新平台。鼓励集群龙头企业建立一支能对信息技术进行研发和应用，同时懂得生产经营管理的复合型人才队伍。

搭建信息化创新平台，孵化智能化制造龙头企业。建立以高技术产业与战略新兴产业发展需要完备的科技创新服务体系的支撑，以促进高科技企业孵化、高新技术产业化、服务经济发达为特征的创新驱动经济核心平台，打造浙江信息化创新发展的新增长极。

以境内外电子商务提升产业集群竞争优势。通过开展国内和跨境电子商务促进供应链整合重组,降低整条产业链的成本;建立行业电子商务平台,提供在线交易、价格指导、信息服务、采购分销等综合服务;鼓励制造企业与专业物流企业信息系统对接,推进制造业采购、生产、销售等环节物流业务外包;推动多方物流发展,依托产业集群建设区域性物流信息服务平台,加快电子标签等信息技术在现代物流中的应用。

推动传统制造业与生产性服务业融合,促进新型工业形态形成。鼓励制造企业围绕推动产品的智能化、高端化和服务化,创新商业模式,支持有条件的生产型制造企业向服务型制造企业转型,充分利用信息化手段,拓展和优化总集成、总承包服务模式。鼓励信息服务企业、行业龙头骨干企业构建区域性制造业信息技术公共服务平台和行业知识库,提供专业化服务。加快产业集群基础设施和政府公共服务的信息化,为产业集群"两化"深度融合提供基础支撑和保障。

基于内需市场搭建的国内产业链延伸为全球产业链。将代工企业长期为国际大买家打工积累下来的生产经验和技术能力从国外转移到国内,同时与国内培育的技术密集型的产业链研发和品牌环节衔接,构建基于国内产业链的全产业链,同时从研发和品牌营销环节延伸至国际化运作,从而扩大内需实现效益最大化。构建基于国内产业链的全产业链需要考虑充分利用政府强有力的手来进行配置和协调,实现政、产、学、研的协同创新。

7.3.2 提升产业集群国际化水平的内生完善机制

深化协作,优化组织结构

积极培育块状经济中关联度大、主业突出、创新能力强、带动性强的龙头企业,发挥其产业辐射、技术示范和销售网络中的引领作用。发展专业化配套企业,提高企业间配套协作水平,形成一批专业化优势显著、竞争能力强的"小型巨人"企业,构建完善产业集群分工协作体系。选取部分重点产业集群,研究梳理重点产业链,加强产业链完善和价值链整体提升服务。引导行业龙头骨干企业通过联合、并购和品牌经营、虚拟经营等现代方式整合中小企业,提高产业集中度。鼓励行业龙头骨干企业实施国际化战略,支持其在省外、海外设立原料、能源供应基地、研发设计基地和营销网络,积极开辟新的发展空间。引导行业龙头骨干企业加强战略规划和管理创新,不断提升竞争优势。鼓励行业龙头骨干企业在研究开发、仓储物流、市场营销、后勤保障等非制造环节，在满足本企业生产经营所需的同时，为其他企业提供社会化服务。重视发挥中小企业在块状经济中的基础作用，加大政策扶持力度，促进中小企业加速成长。重点推动处于产业链和价值链低端环节的加工型、劳动密集型、贴牌生产型中小企业发展零部件专业化生产。

培育新兴，加快新兴产业集群发展

围绕浙江省确定的9大战略性新兴产业，选择产业基础比较好的14个省级产业集聚区、高新技术产业园区、经济开发区（工业园区）、产业集群示范区，以信息化、集群化、特色化为方向，通过政府推动、市场主导、以特色优势企业为主体，联合科研院校、行业协会等力量，科学谋划、合理布局，加快培育一批战略性新兴产业集群。抓好关键技术研发、重大技术产业化和重大应用示范项目建设，培育特色优势龙头企业，加快战略性新兴产业集群规模化发展，提升战略性新兴产业核心竞争力，抢占新兴产业先发优势地位。

做强平台，完善公共服务

根据不同块状经济特征，探索推进多形式、多层次公共服务平台建设，重点支持研发中心、检测中心、信息中心等服务机构建设。对大企业主导型的块状经济，支持依托大企业建设公共服务平台；对以中小企业为主的块状经济，按照"政府推动、市场运作、自主经营、有偿服务"原则，鼓励民营投资、产学研合作、科研院所集聚等多种方式和经济主体参与公共服务平台建设。建立部门分工协作机制，有关部门要按照各自职能，明确分工、加强协作、聚焦政策、形成合力，共同推进各领域、各层面公共服务平台建设，为块状经济转型升级提供良好的支撑条件。鼓励为块状经济转型升级服务的各类中介服务机构建设，重点支持管理咨询、技术专利服务、人才教育培训、市场营销、中小企业融资担保等中介机构建设，为块状经济内部各企业解决生产、技术、管理、品牌、人才、信息等各方面问题提供支持和服务。

强化品牌，提升集群整体影响力

大力实施质量振兴和品牌带动战略，提升块状经济内企业质量和品牌意识。加强企业计量、质量、标准等内部管理，不断提高产品质量和服务水平。引导和支持块状经济内企业创立品牌，实现从无牌、贴牌到有牌、自主品牌的转变，鼓励支持企业积极争创省级和国家级品牌。推动生产要素向品牌企业和优势企业流动，形成集聚效应，培育形成区域品牌。加大宣传推介力度，积极探索不同产业集群区域品牌建设的路径和方式，着力将企业品牌、产业品牌、区域品牌升级为城市品牌，从而形成浓厚的区域产业文化，抓好品牌保护，促进品牌企业自我保护，强化行政执法力度，形成打假工作合力，切实维护品牌形象。

加强创新，完善创新体系

鼓励产业集群重点优势企业加快构建企业技术创新体系，加大技术创新投入，加快形成具有自主知识产权的核心技术、专利技术，并参与或主导国际、国家和行业标准的修订，增强技术领域控制权。鼓励支持产业集群中有条件的企业创建省级以上企业技术中心、工程技术（研究）中心及重点实验室，支持企业申报重点科技创新、关键共性技术和工艺装备攻关项目。加快以企业为主体、市场为导向、产学研相结合的技术创新体系建设，促进产业集群内企业由委托加工向自主设计研发转变。支持企业在关键技术、关键工艺上进行技术创新合作，构建企业间技术转让交易平台，实现技术创新成果的扩散效应，逐步形成区域技术联盟和创新体系。督促企业严格执行强制性标准，鼓励企业积极采用国际标准和国外先进标准进行生产。

7.3.3 提升产业集群国际化水平的配套政策措施

加强组织领导

建立和完善促进产业集群发展的工作协调机制，切实加强对产业集群发展的宏观管理、规划引导和协调服务。组织有关方面的力量，制定有关产业集群的识别标准和评价指标体系。加强对产业集聚和产业集群发展状况的摸底调查，摸清全省产业集群的发展状况及其存在问题，鉴别和挑选那些已处于萌芽状态但很有发展潜力的产业集群。

推动重点产业集群示范建设

各地要选择一批具备条件的产业集群作为工作重点，加强调查研究，发挥其在产业升级、服务平台建设等方面的示范引导作用。要按照规划科学、布局合理、技术先进、环境友好等方面要求，继续推动全省 42 个重点产业集群示范区建设，支持一批产业集群环境建设项目，促进产业集群做强做大。建立省、市、县三级产业集群示范区建设体系，完善示范体系和总体推进体系。

加强对地方政府管理产业集群的指导

通过召开产业集群专题研讨会的形式，邀请工信部、商务部等中央相关部委、地方产业集群管理部门、国内外产业集群研究学者等共同交流、总结浙江省在开展产业集群建设工作中的经验和教训，并汇集相关案例用于指导地方产业集群建设工作。组织一支专家队伍定期赴各地产业集群调研、指导工作，并将其中成功的尝试和经验向全省推广。

引导企业加强自主创新能力

目前的现状是研发力量太分散，企业重复投入，缺乏公共技术平台支撑，尤其是知识产权保护乏力，使得许多企业不敢投巨资研发新产品，必须多管齐下，破解面临的研发困局。首先，要重点加强对龙头企业技术创新的扶持力度，以龙头企业带动行业技术创新，加快落实一批重点技术创新和产业化项目；鼓励有条件的企业参与行业关键技术标准制定；支持和帮助企业引进高端人才、整合研发力量、研发关键技术、自主技术产业化项目。

打造技术创新行业公共平台

公共技术平台集中在共性技术、工艺、材料等的研发上。打造开放的实验室，为企业研发测试新产品提供技术支持。加强研发与检验检测平台建设，加强高素质人才引进和合作渠道建设。整合研发力量、构建研发分工合作模式。可以考虑依托省内外研究性高校资源，在全国招聘研究骨干人员，公开招标研究课题，攻克关键技术、关键材料和关键产品，形成一批具有自主知识产权的产品和技术；另外，中小型企业可以在自愿互惠的基础上，开展合作研发技术，开发新产品，实现研发资源互补、研发成果共享，减少研发风险、降低单个企业研发资金投入。研究成果由出资成立的联盟企业共同享有。

强化对科研成果的知识产权保护力度

从现实情况看，浙江省部分产业集群产品同质化现象严重的一个重要原因是知识产权保护乏力，尽管有《知识产权法》，但执法权和执法力量在县一级较为薄弱，工商、质监等部门有执法力量但没有执法权，企业基本只能通过司法途径保护知识产权，但司法途径周期长、成本高。要从法律、体制、执法等层面尽快推出适合基层现实的措施来切实保护知识产权。

培育行业龙头企业

加快企业联合兼并重组步伐，培育有“话语权”的行业领军企业，积极培育关联度大、带动性强的龙头企业，发挥其产品辐射、技术示范、信息扩散和销售网络中的“领头羊”作用。引导龙头企业采用多种方式，剥离专业化强的零部件和生产工艺，发展专业化配套企业，提高企业间专业化协作水平。

支持符合产业发展方向、具有相关配套条件的企业实施自主知识产权的产业化，促进产业链延伸。将资源、市场、生产力向优势企业、优秀企业家集聚，优胜劣汰，重新洗牌，形成在全国乃至全球有影响力的若干“巨无霸”的企业，做品牌，订规则。各行业协会要成为行业联合兼并重组的促成者、推进者和协调者，积极沟通协调，达成共识，推进企业之间的合并和品牌重塑。

培养高素质人才

首先，要用现代企业精神提升企业家精神，为未来发展注入精神动力。产业要实现升级的目的，管理者经营理念要先升级。新的发展形势、发展阶段要求企业家要更加娴熟地掌握现代企业管理技巧。要通过各种途径，采用多种方式，努力提升企业家的精神内涵，实现企业家经营理念、方法、手段的转型，做到既能驾驭实体经济又会运作虚拟经济，既熟悉生产制造又会资本经营；在保持创新精神的同时，增加敬畏之心，尤其对法律、规制、商业伦理的敬畏；树立远大的企业理想，把企业做成百年老店，实现基业常青，回馈社会，报效国家。其次，大力培育高素质的高级管理人才、产业工人。制造业强国德国非常重视职业教育，注重培养产业工人。依靠独特的职业教育体系，德国培养了庞大的高素质产业工人队伍，这些技术人才在德国人口中占有相当高的比例。借此“武器”，德国可以在投入更少劳动力、使用同等数量原料的条件下，生产出质量更好的产品，创造出更高的价值。

大力发展生产性服务业

优化物流布局，积极搭建专业物流基地和信息平台，积极培育第三方物流领军企业；加强物流标准制订与推广，加快物流信息化，提升现代物流水平。加快设计业发展。积极推进工业设计产业基地建设，吸引世界及国内著名的设计企业、设计团队和设计师在园区落户或设立设计中心，促进工业设计产业集聚发展。打造制造企业设计需求发布、设计成果发布交易平台，推进设计成果产业化。积极发展电子商务，加快推进行业性电子商务平台和大宗商品电子交易平台建设，完善信用、认证、支付、标准等支撑体系。加快金融服务改革，重点发展风险投资、金融担保、信托以及证券融资等非银行类金融服务。

加强社会网络和中间组织建设

支持和鼓励产业集群内的信息服务组织和网络的建设，为企业提供各种信息服务，减少企业由于独自搜集信息造成的成本浪费和信息的不完全性；加强有利于生产者和市场互动的公共机构和交流手段的建设，鼓励企业和大学或者科研院所的合作，支持建立为生产者提供技术培训、技术支持和市场信息的本地公共机构；加快信息咨询服务设施建设，建立多层次的公共信息平台；充分发挥行业协会的作用，积极培育各种社会化的中间组织，特别是那些具有监督职能的公证机构、仲裁机构、会计师事务所、审计师事务所等社会中介组织。

加快构建产业集群的生产性服务业支撑体系

按照全省块状经济转型升级“六六工程要求”，在发展制造业的同时，加快发展生产性服务业。在规模较大的产业集群中，按照“政府推动、市场运作、自主经营、有偿服务”原则，重点支持研发中心、检测中心等公共服务机构建设，构筑第三方信息服务平台。发展一批以特色产业为依托的商品批发市场，加快建立社会化、专业化现代物流服务网络体系。依托产业集群建立职业技术学院和技工学校，引进国内外职业培训机构，加强职业教育。引导和推动在产业集群内依法组建行业协会（商会、同业公会等）。

做强外贸服务平台

外贸综合服务企业是指为中小型企业出口提供物流、报关、信保、融资、收汇、退税等服务的企业。外贸综合服务平台具有非常鲜明的互联网基因和服务基因，重在服务小微企业。在监管上积极创新。建议商务、国税、海关等部门联合制定监管政策，在浙江确定一批试点外贸综合服务企业，进行先行先试。主要政策有：一是放宽业务限制，允许流通企业、个体户等成为试点外贸综合服务企业的委托人，但需采用不征不退的出口退税方式，防止骗税；二是进行双抬头报关，在骗税的处罚上采用经济责任和刑事责任相分离原则，由试点外贸综合服务企业承担经济责任，由委托人承担刑事责任；三是在海关分类管理上进行单独归类，采取特殊容错率待遇。加大金融支持力度。加大银行等金融机构向外贸综合服务企业授信的力度，引导外贸综合服务企业利用好创业板等金融资源，提升其获取资金的能力，拓宽其向中小微客户企业放款的资金来源。中信保积极开发面向外贸综合服务企业客户的出口信保品种，加大支持倾斜力度，降低企业出口收汇风险。建立货代物流信息平台。仿照快的打车等个人出行叫车软件模式，建立全省范围的外贸综合服务物流信息平台，建立全省外贸物流呼叫系统，将外贸综合服务企业的货运需求统一联网，引导货代等物流主体通过信息平台接单，为物流行业进一步整合提升提供充分的需求信息，有效降低物流运输空载率，提升物流效率，降低运输成本。

附录 1:调查问卷

1 调查问卷设计

尊敬的________先生/女士:

您好!

我们是浙江省科技厅软科学研究计划重点项目《后危机时代浙江制造业产业集群国际化发展机制、模式与对策研究》课题组,本研究得到浙江省科技厅、省商务厅等政府部门的支持。为了深入细致地考察后金融危机时代我省外贸转型升级背景下制造业产业集群国际化发展这一重要命题,课题组设计了本问卷。问卷第一部分为企业概况,第二部分为企业国际化特征,第三部分为企业访谈提纲,烦请您拨冗协助完成。

本调查问卷仅作学术研究之用,所有数据和信息将受到严格保密,绝不影响您的工作和生活!对您的帮助和支持,我们表示衷心的感谢!

此致

敬礼!

浙江省科技厅软科学项目课题组

2014 年 8 月 25 日

填表人信息

1.您在公司的职位是:

□总裁　□总经理　□部门主管　□行政人员　□其他

2.您的年龄:________

3.您的最高学历:

□高中　□中专　□大专　□本科　□硕士　□博士

4. 您是否有海外工作经历(包括短期派遣)?

□有,时长:________　□没有

5. 您从事外贸工作时长:________年

6. 填表日期:________

第一部分　企业概况

一、企业基本情况

1. 企业全称:________________________________

2. 企业地址:________________________________

3. 企业所在行业:________

4. 企业成立年份:________

5. 企业现有人数规模:________人

6. 企业所有制性质(填写字母,以下同):________

A. 国有企业　B. 集体企业　C. 个私企业

D. 合伙企业　E. 中外合资　F. 外商独资企业

7. 企业在同行业中的相对规模:________

A. 大型　B. 大中型　C. 中型　D. 中小型

8. 企业是否有产品出口:________;主要产品为:________

A. 是　B. 否

如果有产品出口,出口的起始年份是:________年

产品的主要出口地:________

A. 欧洲　B. 北美　C. 澳洲　D. 东南亚等国

E. 日韩　F. 俄罗斯　G. 中东地区

H. 中国港澳台及新加坡　I. 其他

9. 企业的融资方式有哪些:________(可多选);最主要的是:________

A. 银行贷款　B. 民间借贷　C. 发行股票　D. 整体框架融资

E. 发行企业债券　F. 其他

10. 企业有否自主品牌:________

A. 有　B. 没有

如果是,品牌创立时间是:________

11. 企业是否开展国际化业务:________

A. 是　B. 否

如果是，通常采用以下哪种方式国际化：________（可多选）

A. 间接出口

B. 直接出口

C. 技术授权（许可证贸易，包括专利使用权，专有技术或商标）

D. 合同安排（如制造合同等）

E. 设立海外办事处

F. 海外直接投资（如设立全股子公司等）

G. 其他（请注明）：________

12. 当前企业在国际化进程中遇到的最大困难是：________（可多选）

A. 缺乏国际化人才　　B. 缺乏足够资金

C. 缺乏国际市场信息　　D. 外部需求下降

E. 贸易保护主义　　F. 尚未有国际品牌

G. 其他（请注明）：________

13. 企业是否是当地产业集群的龙头企业：________

A. 是　　B. 否

二、企业数据指标

内　容	2011 年	2012 年	2013 年
1. 总产值（万元）			
2. 销售收入（万元）			
3. 出口总额（万美元）			
4. 利税总额（万元）			
5. 从业人员（人）			
大专及以上（人）			
6. 年研发经费（万元）			
7. 专利授权数（项）			
8. 融资额度（万元）			
9. 对外直接投资额（万美元）			
10. 利用外商直接投资额（万美元）			
11. 购买专利支出（万元）			

三、企业高级管理层信息(请在符合的选择项前"□"上打上"√",以下同)

	董事长	总经理
1. 年龄		
2. 学历		
3. 性别		
4. 职务任期		
5. 是否出国留学	□是 □否	□是 □否
6. 是否曾在海外工作或者考察	□是 □否	□是 □否
7. 海外商务考察频次(/年)	□1—2 次 □3—5 次 □6—10 次 □10 次以上	□1—2 次 □3—5 次 □6—10 次 □10 次以上

四、企业国际化决策

(请您判定下列表格中各种陈述与您(或您所在企业)的实际情况是否符合并打分)

企业家理念和特质		1. 不符合,2. 不太符合,3. 基本符合,4. 符合,5. 完全符合				
		1	2	3	4	5
企业家国际化导向思维	我们公司会积极寻求海外市场和资源					
	我认为国际化是公司实现战略目标的重要途径					
	我会定期跟踪海外市场动态					
企业家全球视野和创业精神	我会经常参加国内外商贸博览会					
	我积极寻求与海外供应商/客户建立关系					
	我很乐意采纳开发海外市场机会的新方法					
企业家国际合作洞察力	国际商务合作之前,我会事先想好自己期望达到的目标					

五、生产性服务业发展

（请您根据自己的判断对表中各项对生产性服务业对本企业发展的作用进行评价）

分类	描述	1.不认可，2.不太认可，3.基本认可，4.认可，5.十分认可				
		1	2	3	4	5
现代物流	能有效调动信息、运输、仓储、库存等环节，降低企业物流成本					
金融服务	本地银行等金融机构为企业融资提供便利					
信息服务	本地信息平台的共享为企业提供市场信息、政策信息等					
商务服务	咨询、会计等服务为企业提供专业化服务					

第二部分　企业国际化特征

一、品牌国际化

（请您根据自己的判断对表中各项针对企业品牌国际化程度的评价打分）

相关描述	主导品牌					
品牌名称						
品牌价值(万元)						
品牌建立时间						
在国际市场份额						
品牌荣誉	□中国名牌　□中国驰名商标　□国家免检产品　□商务部出口名牌　□省著名商标　□其他					
品牌认知		1→5 依次表示国际化程度加深				
		1	2	3	4	5
	该品牌在国内的知名度					
	该品牌在国际的知名度					
	该品牌对企业销售带来增长					
	该品牌在国际市场的份额					

二、贸易融资国际化

（请您根据自己的判断对表中针对贸易融资对企业的影响的评价打分）

是否拥有长期稳定合作的贸易融资金融机构	□是 ______家 □否	融资机构类型 □国有商业银行　□其他股份制商业银行　□农村合作信用社　□信托投资公司　□外资银行　□其他：______				
贸易融资业务种类	□保理　□保函　□内保外贷　□出口信用证　□打包贷款　□福费廷　□供应链融资　□项目融资　□其他					
贸易融资对企业的影响		1→5 依次表示影响程度加深				
		1	2	3	4	5
	贸易融资成本对企业利润的影响					
	贸易融资对企业资金周转的影响					
	贸易融资对企业生产扩张的影响					

三、营销国际化

（请您对表中对企业营销国际化程度进行评价并根据自己的判断打分）

		1→5 依次表示认可程度加深				
		1	2	3	4	5
国际营销战略	根据产品需求的不同细分市场					
	根据企业优势选择目标市场					
	锁定市场定位，强化品牌塑造					
国际营销组合理念	产品、价格、渠道、促销有效组合					
跨境电子商务	□自建电商平台企业 □第三方电商平台应用企业 □电商平台服务提供商					

四、人才国际化（部分项目若无，可不填）

人才分类	2008 年	2011 年	2014 年
海外高层次人才引进“千人计划”（人）			
百千万科技创新人才工程（人）			
来浙创业的留学人员（人）			
有海外工作背景的人员（人）			

续 表

人才分类	2008 年	2011 年	2014 年
在海外取得研究生学历(人)			
曾就职于跨国公司(人)			

五、资本国际化

跨国并购	企业是否有跨国并购的经历?	□是(请注明):________ □否
海外融资	企业是否在海外上市?	□是(请注明):________ □否
引进外资	企业是否有外资引进?	□是(请注明):________ □否
对外投资	企业是否有对外投资? □是(请说明):________ □否 若有,海外投资的东道国和地区是: □欧洲 □北美 □日韩 □澳洲 □东南亚等国 □俄罗斯 □中东地区 □其他	

六、技术国际化

技术贸易	是否有购买专利?	□是(请说明):________□否
	技术引进(或者输出)是否有成交合同? □是(请说明):________ □否 若有,技术市场成交合同的东道国和地区是: □欧洲 □北美 □日韩 □澳洲 □东南亚等国 □俄罗斯 □中东地区 □其他	

第三部分　企业访谈提纲

(请您按照实际情况,概括、分点简要说明)

1. 您认为现阶段企业在行业内的地位如何?

____

____

2. 您认为企业所在产业集群的国际竞争力如何?

____

____

3.您认为现阶段企业国际化进程面临的瓶颈有哪些?

____

____

4.您认为企业国际化和集群国际化两者之间的联系如何?企业在国际化中有哪些方面收益于集群国际化?

____

____

5.政府或行业协会等组织在企业和集群国际化进程中提供了怎样的帮助?

____

____

——衷心感谢您的支持与合作!——

附录 2:访谈提纲

Ⅰ 调查问卷设计

尊敬的________先生/女士:

您好!

我们是浙江省科技厅软科学研究计划重点项目《后危机时代浙江制造业产业集群国际化发展机制、模式与对策研究》课题组,本研究得到浙江省科技厅、省商务厅等政府部门的支持。为了深入细致地考察后金融危机时代我省外贸转型升级背景下制造业产业集群国际化发展这一重要命题,课题组设计了本问卷。问卷第一部分产业集群国际化特征评价,第二部分为访谈提纲,烦请您拨冗协助完成。

本调查问卷仅作学术研究之用,所有数据和信息将受到严格保密,绝不影响您的工作和生活!对您的帮助和支持,我们表示衷心的感谢!

此致

敬礼!

浙江省科技厅软科学项目课题组

2014 年 8 月 25 日

填表人信息

1. 您在贵单位的职位是:________

2. 您的年龄:________

3. 您的最高学历:

□大专　□本科　□硕士　□博士　□其他

4.您是否有企业工作经历或者海外工作经历?

□是,时长:________□否

5.您从事外贸企业管理工作已有:________年

6.填表日期:________

第一部分　产业集群国际化特征

四、品牌国际化

(请您根据自己的判断对表中各项针对集群品牌国际化程度的评价打分。标准如下:1→5 依次表示国际化程度加深,请在符合的选择项前"□"上打上"√",以下同)

相关描述/品牌	主导品牌					其他品牌				
品牌名称										
品牌建立时间										
品牌价值(万元)										
出口国家和地区数(个)										
在国际市场份额										
品牌荣誉	□中国名牌 □中国驰名商标 □国家免检产品 □商务部出口名牌 □省著名商标					□中国名牌 □中国驰名商标 □国家免检产品 □商务部出口名牌 □省著名商标				
品牌认知	1	2	3	4	5	1	2	3	4	5
该品牌在国内的知名度										
该品牌在国际的知名度										
该品牌对集群销售额带来的增长										
该品牌对集群技术创新能力的提升作用										

五、贸易融资国际化

(请您根据自己的判断对表中各项针对贸易融资对产业集群成本收益性的评价打分。标准如下:1→5 依次表示影响程度加深)

<table>
<tr><td>是否拥有长期稳定合作的贸易融资金融机构</td><td>□是
________家
□否</td><td colspan="5">融资机构类型
□国有商业银行　□其他股份制商业银行　□农村合作信用社　□信托投资公司　□外资银行　□其他：________</td></tr>
<tr><td>贸易融资业务种类</td><td colspan="6">□保理　□保函　□内保外贷　□出口信用证　□打包贷款　□福费廷　□供应链融资　□项目融资　□其他</td></tr>
<tr><td rowspan="5">贸易融资对产业的成本收益性</td><td></td><td>1</td><td>2</td><td>3</td><td>4</td><td>5</td></tr>
<tr><td>贸易融资成本对产业利润率的影响</td><td></td><td></td><td></td><td></td><td></td></tr>
<tr><td>贸易融资对产业资金周转能力的影响</td><td></td><td></td><td></td><td></td><td></td></tr>
<tr><td>贸易融资对产业生产扩张的影响</td><td></td><td></td><td></td><td></td><td></td></tr>
<tr><td colspan="6"></td></tr>
</table>

六、营销国际化

（请您根据自己的判断对表中各项针对产业集群营销国际化的评价打分。标准如下：1→5 依次表示认可程度加深）

<table>
<tr><td rowspan="4">国际营销战略</td><td></td><td>1</td><td>2</td><td>3</td><td>4</td><td>5</td></tr>
<tr><td>根据需求异质性细分市场</td><td></td><td></td><td></td><td></td><td></td></tr>
<tr><td>根据集群优势选择目标市场</td><td></td><td></td><td></td><td></td><td></td></tr>
<tr><td>锁定市场定位，强化品牌塑造</td><td></td><td></td><td></td><td></td><td></td></tr>
<tr><td>国际营销组合理念</td><td>产品、价格、渠道、促销有效组合</td><td></td><td></td><td></td><td></td><td></td></tr>
<tr><td>跨境电子商务</td><td colspan="6">（可多选）
□集群拥有自建电商平台企业
□集群拥有第三方电商平台应用企业
□集群拥有电商平台服务提供商</td></tr>
</table>

七、人才国际化

人　才　分　类	2008 年	2011 年	2014 年
海外高层次人才引进“千人计划”（人）			
百千万科技创新人才工程（人）			
来浙创业的留学人员（人）			
有海外工作背景的人员（人）			

续 表

人才分类	2008年	2011年	2014年
在海外取得研究生学历(人)			
曾就职于跨国公司(人)			

八、资本国际化

跨国并购	集群企业是否有跨国并购的经历?	□是(请注明):________ □否
海外融资	集群企业是否在海外上市?	□是(请注明):________ □否
引进外资	集群企业是否有外资引进?	□是(请注明):________ □否
对外投资	集群企业是否有对外投资? □是(请说明):________ □否 若有,海外投资的东道国和地区是: □欧洲 □北美 □日韩 □澳洲 □东南亚等国 □俄罗斯 □中东地区 □其他	

九、技术国际化

(请您根据自己的判断对表中各项针对产业集群生产和技术国际化程度的评价打分。标准如下:1→5 依次表示国际化程度加深)

		1	2	3	4	5
生产环境	技术创新环境国际化					
	国际贸易环境国际化					
	产业政策环境国际化					
技术贸易	是否有购买专利?	□是 (请说明):________ □否				
	技术市场是否有成交合同? □是(请说明):________ □否 若有,技术市场成交合同的东道国和地区是: □欧洲 □北美 □日韩 □澳洲 □东南亚等国 □俄罗斯 □中东地区 □其他					

十、生产性服务业发展

（请您根据自己的判断对表中各项针对产业集群生产性服务业现状评价并打分。标准如下：1→5 依次表示国际化程度加深）

分　类	描　述	1	2	3	4	5
现代物流	能有效调动信息、运输、仓储、库存等环节，降低产业集群物流成本					
金融服务	产业集群整体框架融资的进展					
信息服务	多元化信息服务体系的建设促进产业集群信息、知识、经验共享					
商务服务	商务便利化平台建设为产业集群提供市场信息和政策信息					
服务业特色与创新	□ 是（请说明）：________□否					

第二部分　访谈提纲

（请您按照实际情况，概括、分点简要说明）

1. 您认为当地产业集群的国际竞争力如何？

____

____

2. 您认为现阶段产业集群国际化进程面临的瓶颈有哪些？

____

____

3. 您认为企业国际化和集群国际化两者之间的联系如何？产业集群国际化对企业国际化会有哪些方面的促进作用？

____

____

4. 政府在企业和产业集群国际化进程中提供了哪些政策扶持？下一步有哪些具体的规划方案？

____

____

——衷心感谢您的支持与合作！——

参考文献

[1] 章苒,沈锡权. 越美集团:从产品出口到产业集群出口[N]. 经济参考报,2009—07—01009.

[2] 曾咏梅. 产业集群嵌入全球价值链的模式研究[J]. 经济地理,2011,(03):453—457.

[3] 陈劲,张高亮,陈中,杜坤林. 基于全球价值链的珍珠产业升级机制研究——以诸暨市珍珠产业为例[J]. 农业经济问题,2007,(02):37—43.

[4] 东艳. 全球贸易规则的发展趋势与中国的机遇[J]. 国际经济评论,2014,(01):45—64.

[5] 杜健,耿帅. 共享性资源对集群企业竞争优势作用机理的实证研究[J]. 科研管理,2008,29(3):68—79.

[6] 冯霞. 全球价值链下的地方产业集群升级研究——以印度软件业集群为例[J]. 东南亚纵横,2008,(04):78—82.

[7] 傅昌銮,潘伟康. 我国集群企业国际化典型模式和路径研究——基于全球价值链治理的理论拓展[J]. 苏州大学学报(哲学社会科学版),2015,(06):131—137.

[8] 高闯,王季. 基于全球价值链的我国高技术企业集群国际化路径研究[J]. 经济管理,2007,(16):4—9.

[9] 高凌云. 对"十三五"时期国际经济形势的基本判断[J]. 全球化,2015,(11):66—76.

[10] 高炜宇. 上海经济当前发展阶段和未来发展思路研判[J]. 上海经济研究,2010,(04):110—114.

[11] 龚锋,梁艳芬. 当前世界经济贸易形势分析[J]. 国际贸易,2011,(06):31—35.

[12] 国际统计信息中心课题组. 1999～2001年中国各地区信息化水平测评与比较研究[J]. 统计研究,2004(3):3—11.

[13] 侯茂章，汪斌．基于全球价值链视角的地方产业集群国际化发展研究[J]．财贸经济，2009，05：(68—73)．
[14] 黄先海，诸竹君．新产业革命背景下中国产业升级的路径选择[J]．国际经济评论，2015，(01)：112—120．
[15] 黎继子，刘春玲，蔡根女．全球价值链与中国地方产业集群的供应链式整合——以苏浙粤纺织服装产业集群为例[J]．中国工业经济，2005，(02)：118—125．
[16] 黎雪林，吕永成．我国各地区信息化水平的综合评价与分析 [J]．统计与预测，2003(5)：8—10．
[17] 罗勇，曹丽莉．全球价值链视角下我国产业集群升级的思路[J]．国际贸易问题，2008，(11)：92—98．
[18] 庞瑞芝，李鹏．中国新型工业化增长绩效的区域差异及动态演进[J]．经济研究，2011(11)：36—47．
[19] 孙艳霞．基于不同视角的企业价值创造研究综述[J]．南开经济研究，2012，(01)：145—153．
[20] 汪斌，侯茂章．地方产业集群国际化发展与区域创新体系的关联研究——基于生命周期和全球价值链的视角[J]．财贸经济，2007，(03)：11—17．
[21] 王静华．产业集群演进的理论与案例分析[D]．复旦大学，2007．
[22] 乌家培．正确处理信息化与工业化的关系[J]．经济研究，1993(12)：70—71．
[23] 吴家曦，陈建忠，陈利华．加快向现代产业集群转型升级[J]．浙江经济，2011，(20)：36—39．
[24] 吴敬琏．中国应当走一条什么样的工业化道路[J]．管理世界，2006(8)：1—7．
[25] 肖安荣．安吉椅业的崛起与启示——从安吉椅业的发展壮大看改革开放 30 年[J]．当代社科视野，2008，(10)：36—39．
[26] 谢康，肖静华，周先波，乌家培．中国工业化与信息化融合质量理论与实证[J]．经济研究，2012，(1)：4—16．
[27] 徐宁，皮建才，刘志彪．全球价值链还是国内价值链——中国代工企业的链条选择机制研究[J]．经济理论与经济管理，2014，(01)：62—74．
[28] 应雄．浙江海外制造：经济转型升级的战略选择[J]．浙江经济，2009，(17)：21—23．

[29] 俞海山,杜佳芮. 当前世界经济危机下浙江省外贸出口的SWOT分析[J]. 国际贸易问题,2009,(10):55—60.

[30] 俞立平,潘云涛,武夷山. 工业化与信息化互动关系的实证研究[J]. 中国软科学,2009,(1):34—40.

[31] 张辉. 全球价值链理论与我国产业发展研究[J]. 中国工业经济,2004,(05):38—46.

[32] 周先波,盛华梅. 信息化产出弹性的非参数估计分析[J]. 数量经济技术经济研究,2008,25(10):130—141.

[33] 朱希伟,金祥荣. 国际化进程中的浙江产业集群[J]. 浙江经济,2007,(17):44—46.

[34] Forsgren M. The concept of learning in the Uppsala internationalization process model: a critical review[J]. International business review,2002,11(3):257—277.

[35] Foss N J. Higher-order industrial capabilities and competitive advantage[J]. Journal of Industry Studies,1996,3(1):1—20.

[36] Gereffi G,Humphrey J,Sturgeon T. The governance of global value chains[J]. Review of international political economy,2005,12(1):78—104.

[37] Gereffi G. The organization of buyer-driven global commodity chains: how US retailers shape overseas production networks[J]. Contributions in Economics and Economic History,1994: 95—95.

[38] Gerschenkron A. Economic backwardness in historical perspective [J]. Harvard University. 1962.

[39] Hashai N, Almor T. Gradually internationalizing 'born global' firms: an oxymoron? [J]. International Business Review,2004,13(4):465—483.

[40] Humphrey J,Schmitz H. How Does Insertion in Global Value Chains Affect Upgrading in Industrial Clusters?. In Regional Studies,2010,36(9):1017—1027.

[41] Kogut B. Designing Global Strategies: Comparative and Competitive Value-added Chains. In Sloan Management Review, 1985, (26): 15—28.

[42] Lawson C. Toward a competence theory of the region[J]. Cambridge

Journal of Economics. 1999,(23):151—166.

[43] Marshall A. Principles of Political Economy [M]. Maxmillan,New York,1890.

[44] Melitz M J. The impact of trade on intra—industry reallocations and aggregate industry productivity [J]. Econometrica, 2003, 71 (6): 695—1725.

[45] Pedersen T, Petersen B. Explaining gradually increasing resource commitment to a foreign market[J]. International business review, 1998,7(5):483—501.

[46] Porter M E. The Competitive Advantage. New York : Free Press,1985.

[47] Shachar J,Zuscovitch E. Learning patterns within a technological network[J]. Perspectives in industrial organization. 1990,13: 133—150.

[48] Vernon R. International investment and international trade in the product cycle[J]. The quarterly journal of economics, 1982, 8(4): 307—324.

后记

本书是在本人承担的浙江省科技厅软科学项目“后危机时代浙江出口型制造业产业集群国际化发展机制、模式与对策研究”(编号:2014 C25008)的研究报告基础上形成的。

本书以浙江省典型制造业产业集群为研究案例,通过调查研究与案例比较研究,分析浙江省制造业产业集群在经济转型和开放的大背景下,在面临市场化和国际化双重压力下,从宏观、中观、微观等各方面为浙江省政府部门、行业组织、企业本身等出台相应的对策提供智力支持,从而有效实现制造业产业集群的国际化,促进浙江外贸制造业转型升级与浙江国民经济的长足发展。

本书主要观点的形成,除了凝聚了全体课题组成员的集体智慧外,还得益于与学界同行们的广泛交流以及与政府有关部门领导、企业家等各方的积极互动。

课题组先后深入安吉、丽水、绍兴、温州等地产业集群进行实地调研。本书的部分观点被浙江省商务发展研究会内参编辑并送交浙江省商务厅领导,还有,本书的相关研究报告也被浙江省商务厅采纳。在2015年11月的环太平洋博士生大会(Apru)上,本人与潘伟康博士生合作的“培育高端‘智造’产业集群的机遇和路径研究”这篇论文,在大会上作了论文报告。此外,本书有些章节的相关观点,先后在《苏州大学学报(哲学社会科学版)》、《经济研究导刊》、《合作经济与科技》、《浙江经济》等刊物上发表,得以在学界同行中间广泛传播与讨论。在此,谨向曾经给书稿提出过意见和建议的各位学界同行、政府领导以及企业家表示衷心的感谢!

在书稿交付之际,本人要感谢浙江省科技厅软科学项目课题的资助,感谢对本书的完稿做出主要贡献的合作作者钱晨博士与潘伟康博士生。感谢阮建青、赵玻、苟建华、宋树理、贺华丽等老师以及朱西湖、诸竹君、方师乐、史新杰等博士生对本课题的研究设计、资料整理、调研或数据统计等研究工作所做出的辛勤劳动！尤其值得一提的是，本书在这么短的时间里能够面世得益于浙江工商大学出版社各位工作人员的加班工作。在此，向他们表示衷心的敬意！

傅昌銮

2016年2月于杭州